字说辅导员
——用青春陪伴青春的成长故事

胡昌娃　刘红勤　滕婉蓉　编著

汕头大学出版社

图书在版编目（CIP）数据

字说辅导员：用青春陪伴青春的成长故事 / 胡昌娃，
刘红勤，滕婉蓉编著. -- 汕头：汕头大学出版社，
2024. 12. -- ISBN 978-7-5658-5501-6

Ⅰ. G645.1

中国国家版本馆CIP数据核字第2025EP6535号

字说辅导员：用青春陪伴青春的成长故事
ZISHUO FUDAOYUAN：YONG QINGCHUN PEIBAN QINGCHUN DE CHENGZHANG GUSHI

编　　著：胡昌娃　刘红勤　滕婉蓉
责任编辑：黄洁玲
责任技编：黄东生
封面设计：古　利
出版发行：汕头大学出版社
　　　　　广东省汕头市大学路243号汕头大学校园内　邮政编码：515063
电　　话：0754-82904613
印　　刷：廊坊市海涛印刷有限公司
开　　本：710mm×1000mm　1/16
印　　张：12.75
字　　数：200千字
版　　次：2024年12月第1版
印　　次：2025年2月第1次印刷
定　　价：68.00元
ISBN 978-7-5658-5501-6

编委表

主　　编：胡昌娃　刘红勤　滕婉蓉

副主编：李　浩　朱伟娟　肖盛中

编　　委：罗华英　雷骥良　阿依仙木古丽·吾甫尔

　　　　　沈秀琴　隋　昕　苑艺蕾　张　娜

　　　　　张彦红　韩马强　冯苗苗　殷建强

前　言

　　辅导员是开展大学生思想政治教育的骨干力量，在大学生思想政治教育和日常管理与服务、推动学校事业发展过程中发挥着至关重要的作用。习近平总书记在全国高校思想政治教育工作中明确指出："高校思想政治工作关系高校培养什么样的人、如何培养人以及为谁培养人这个根本问题。"习近平总书记的讲话无疑为当代辅导员开展思想政治教育工作指明了前进的方向。辅导员工作固然重要，但如何成为一名好的辅导员，如何做好学生的人生导师和知心朋友，并不是一件容易的事情，这些都需要辅导员在实际工作中磨砺品格、锻炼意志、总结经验，在繁杂琐碎的工作中提升职业能力，真真切切把所学的知识与实践工作统一起来、结合起来，做到知行合一。

　　本书是新疆生产建设兵团首批辅导员工作室"壹小家辅导员工作室"阶段性成果集，聚焦高校辅导员工作实践与思考，集合了基层辅导员、优秀辅导员工作实际中的所思、所感、所想，既包含"字"说辅导员系列的辅导员修炼记（从初出茅庐到坚守学生工作一线的热忱与情怀），又包含青春背后的青春（辅导员与学生的共话成长），还包含与青春对话（辅导员与青春交流中的互相赋能与启发）。

　　本书涵盖的内容较为多元、形式表达较为"接地气"，为初出茅庐担任一线工作的辅导员提供了真实有效的工作参考价值。兴许是一份感悟、一个故事、一份情谊、一种对话、一个道理、一封信件……纸短情长，饱含深意，都能引发共鸣与思考。

　　辅导员与大学生共同成长，努力做学生的人生导师和知心朋友。这本身就是一项非常神圣的事业，唯有用满腔真挚的情感去更出色地工作，唯有把神圣的责任化身为前进的强大动力，用这份职责与使命鞭策数万辅导员克服重重困难努力前行，成为学生心中的那道光，也成就更好的自己。

　　诚然，本书历时较久，虽然经过多方修改，但难免会有疏漏与不足，敬请读者提出宝贵意见，以便我们修正。

目 录

第一篇 辅导员修炼记

第二篇 青春身后的青春

第三篇 与青春对话

第一篇
辅导员修炼记

成为新时代高校优秀辅导员的"四个一"

胡昌娃

对于学生来说，遇到一名优秀的辅导员是人生幸运；对于辅导员来说，成长为一名优秀的辅导员是努力方向。然而当一名辅导员不容易，成长为一名优秀的辅导员更不容易。

有人说，辅导员的工作对象是千家万户，工作内容是千头万绪，工作方式是千变万化，工作状态是千辛万苦，工作特色是千红万紫。但归根结底，辅导员做的是立德树人的工作，任务重、责任大，必须练好基本功，具有硬功夫、真本领。

01 有一颗红心是成长为优秀辅导员的立足点

辅导员是开展大学生思想政治教育的骨干力量，是大学生成长的"政治领路人"。无论从辅导员的制度沿革来看，还是从辅导员的职责任务来说，政治性始终是高校辅导员的根本属性。

心之所向，行之所往。优秀人物之所以优秀，正是因为他们不忘初心，坚守初心，以信仰指引职业，用梦想照亮事业。优秀辅导员不仅会把辅导员工作当作一份职业，更会把它看作一份事业，而做好这份事业的前提是要有一颗红心做基点。

辅导员的这颗红心要由忠诚、责任和担当熔铸。

忠诚就是要坚持以习近平新时代中国特色社会主义思想武装头脑，坚定理想信念，坚守入党初心，坚信中国共产党"能"、马克思主义"行"、中国特色社会主义"好"，带着信仰去奋斗，带着感情去工作。责任就是要把立德树人作为工作的根本任务，把为党育人、为国育才作为光荣使命，有忧生忧校、忧国忧党意识，急学生之所急，想学生之所想，努力成为大学生的人生导师和知心朋友。担当就是要立志把辅导员工作当事业，践行辅导员誓言，履行辅导员职责，以学生为本，不驰于空想、不骛于虚声，始终保持工作的韧劲、热情和锐气，甘为学生成长进步搭梯建桥，勇担学生成长过程中优秀的指导者和坚定航向的引路人。

02 有一双慧眼是成长为优秀辅导员的关键点

《福尔摩斯探案全集》中有这样一个场景：当福尔摩斯第一次见到华生，就马上识别出了华生的身份——一名去过阿富汗的军医。这个细节充分展现了这位神探超强的眼力。

古人云，善观察者，可见常人所未见；不善观察者，入宝山空手而归。辅导员既是大学生健康生活的"安全员"，也是大学生成长成才的"指导员"，只有拥有一双像福尔摩斯一样的慧眼，才能于工作之中游刃有余。

要有一双"识珠"的慧眼，"生活中从不缺少美，而是缺少发现美的眼睛"，同样每个学生都有自己的闪光点，只要你眼睛里"有光有爱"，会识才、育才、用才，就不会遇到所谓的"差生"，所有的学生都会成为你想要的"好学生"；要有一双"识微"的慧眼，"一叶知秋，管中窥豹"，看到苗头而能察知它的本质和发展趋向，学会观察细节，学会分析表现，通过音容笑貌看出"阴晴"，通过言谈举止号准"脉搏"，做到提前预判、提前防范，就会避免小问题酿成大事件；要有一双"识要"的慧眼，"牵牛要牵牛鼻子"，"带队伍要抓两头促中间"，辅导员一人面对庞大的学生群体，面对纷繁复杂的日常事务和问题，要有高站位大视野，要学会运用矛盾论，能够识出关键人、抓住关键处、拎出关键事、抓好关键点，该放就放该收就收，如此才不会主次不分、手忙脚乱。

03 有一张巧嘴是成长为优秀辅导员的着力点

有人一张嘴，你就会被他的状态所吸引；有人一开口，你就会被他的诚意打动；有人一讲话，你就会被他的睿智所折服。

语言表达能力是当今社会一种十分重要的个人能力，甚至有人认为：思想就是武器，会说就是火力。

捷克教育家夸美纽斯这样说："教师的嘴，就是一个源泉，那里可以发出知识的溪流。"对高校辅导员来说，话语是开展工作最重要的工具和手段，因为辅导员大部分工作是靠说话来实现的，可以说辅导员不是正在谈话，就是正在讲话，不是正在讲话，就是正在通知学生见面。

如果辅导员有一张巧嘴，那么一开口就可能把工作做好一半。辅导员的巧嘴首先是要说"明白话"，就是说能让学生听得懂、听明白的话，这要求你既要理解工作的内容和要求，也要掌握说话的技巧和方法，说话要重点突出、思路清晰、主次分明，让学生能理解、可接受、记得住。其次是要会谈"知心话"，谈话若不能交心、不能贴心，就会失去价值和意义，因而谈话要注意用好"我们"——让学生感觉到老师和他是自己人、注意用好"他人"——假借第三人之力产生传播或劝说效果、注意用好"废话"——"看似随意，其实刻意"地引入融洽适宜的教育情景。再次是要能讲"入心课"，辅导员是思政老师，这就要求辅导员有理论功底、有授课技巧，能上得了讲台、开得了讲座，把课讲得有意思受欢迎，达到入耳入脑入心的效果。最后还要练就一张"婆婆嘴"，做到常讲常新常新常讲，"紧箍咒"经常念，"小木鱼"天天敲。

04 有一手好文是成长为优秀辅导员的增长点

《左传》把写文章视为人生三不朽之一，"立德立功立言"。曹丕把写文章提高到关乎国家兴亡之高度，"经国之大业，不朽之盛事"。毛主席讲："写文章，可以锻炼头脑的细致准确性"，"一个革命干部，必须能看能写"。

文章既是文字，更是思想；既是理论，更是实践；既可抒发诗意情怀，又可彰显时代方向。写作能力是思想工作者的核心竞争力，是辅导员的必备技能。作为辅导员，如果写不出像样的文章，从职责角度而言，那是不尽责；从能力角度而言，那是低水平；从素养角度而言，那是缺思想。

笔杆如剑多磨砺，稿纸作山勤登攀。辅导员只有精读博览、勤写多练、握紧"笔杆"、锤炼"笔力"，才能写出好文章。要学会写好公文，它是学校管理干部的最基本技能和日常工作内容，写也得写不写也得写，你终究绕不开躲不过。公文具有很强的政治性、政策性和现实效用性，讲究导向明确、形式规范，要做到"短、实、新"，避免"长、空、假"。要学会写好网文，它是在新媒体时代背景下做好大学生思想政治工作的有效途径和方法，用好它你会有意想不到的成效和收获。好网文要以学生为本，贴近学生的实际和需求，融知识性、趣味性、广博性、时效性于一体，语言要生动鲜活、诙谐幽默，有"鸡汤味"和"中药劲"。要学会写好论文，它既体现你作为思想政治课教师的理论功底，也是你专业技术职务晋升的必备条件。好论文要紧扣理论研究热点，选题要新颖，逻辑要严密，结构要合理，方法要科学，结论要中肯，文字要体现规范性、创新性和学术性。

硬功夫须练好基本功，真本领要日积月累。

一颗红心、一双慧眼、一张巧嘴、一手好文正是成长为一名优秀辅导员的"四个一"。

新时代高校辅导员，要把优秀作为一种追求，从"四个一"着手，勤学苦练，滴水成河，做优秀辅导员，育时代新人。

一个辅导员的10年

刘红勤

时间真的是一个最重要而又最容易被人忽视的存在，

很多时候，我就在想，一个月写1篇文章，一年12篇，10年也120篇了吧？

再忙一个月总能抽出时间写点什么吧？

面对现在微薄的几篇文章，看，时间把自己所有的懒惰、拖延，漫不经心、猝不及防地摆在了我的眼前。

时间又是一个想珍惜但浪费起来丝毫都没心疼过的存在。

每次过年，我就在想，今年的目标怎样怎样，一年一个小小的目标，10年也10个了吧？

从工作第1年到第10年，长胖了26公斤。

看看现在胖胖的自己，看，时间是会说话的，将所有不自律、所有的明天再来、所有的以后再说都变成了圆嘟嘟的自己。

——写在前面

01 成为一名辅导员，是2014年那个春季所有努力的目标

依然记得2014年那次招聘，把大学所有招聘辅导员的岗位、硕士研究生不限专业的岗位都报了一个遍。本科英语，研究生新闻传播，是的，就是这个一直好像没有太明确方向的自己，总是在半瓶水晃荡着。可能是对于老师工作的执念吧，那时候的自己想着如果可以去高中当个老师，初中也行，小学也可以。现在还依然记得当时投递简历的那种忐忑、紧张、不安。那一年全大学招聘12名辅导员，看着笔试面试那么多人，手心一直在出汗，笔试前把辅导员工作的相关文件来来回回背了又背，面试前对着镜子一个自我介绍练了又练。

那个时候，所有的愿望和目标只有一个，能够留校，做个辅导员。

成为一名辅导员，是2014年那个春季所有努力的目标。

好像工作之后，我再也没有如此认真地想过，当年那个只想成为一个辅导员的自己，如果没有成为辅导员，会怎么办？我的生活会如何，现在的我会是什么样？

会有现在的圆润，会有现在的状态，会有现在的幸福感、获得感和价值感吗？

2014年入职，2015年任团委书记，2018年任学办主任，2020年借调，2022年到易班发展中心，2023年到马克思主义学院，兜兜转转，一直在与学生打交道。

2024年，辅导员对我来说是最正确的选择。

现在想起依然激动，2014年入职医学院，全大学学生人数最多的学院，担任全大学横向年级专业人数最多的专业300多人的辅导员。遇到了可爱的学生，卓越的前辈，友爱的团队，优秀的平台，得到了很多机会、资源、支持、帮助和源源不断的成长。2023年到马克思主义学院，遇到的是机遇和发展，成为马克思主义学院成立以来的第一位学办主任，是挑战、是成长、是锻炼、是工作的再一次复盘。

10年的开始，能入职医学院辅导员对我来说也是最大的幸运。

10年的末尾，又转入马克思主义学院任辅导员对我来说是领导对我学生工作的认可和鼓励。

02 如何做一名辅导员，是十年的边思考边实践

在着手这篇文章的时候，我请所带的第一届部分学生做了关于辅导员工作的评价，毕业4年后再回看大学时光，再回看辅导员对于自己大学时光的意义。学生的反馈确实让我很触动、惊讶、感慨和感动。学生工作之路，一直都是互相赋能的过程。看似陪伴学生的同时，其实一直是在丰盈自己的精神世界。

摘选某位同学的反馈如下：

"上大学的 5 年，辅导员对于你来说重要吗？"

非常非常重要，大学 5 年是我们正当青春的时候，辅导员是用热情点燃这份青春，帮我们种下理想信念，见证我们绽放个性光彩的重要人物。

"辅导员带给你的影响是什么？"

确实如同上学时候刘老师所说，很多东西要在工作之后才能慢慢明白，我很庆幸在大学时光中有刘老师的陪伴。

第一个影响是责任感的培养：我们是刘老师刚刚毕业作为辅导员带的第一批学生，工作上她从来都是一名合格乃至优秀的辅导员，这毋庸置疑。不仅如此，在我的视角里，这位辅导员还有着"刘老师""红姐""红妈"等共同却又独特的形象。

确实在辅导员这个庞大的学工队伍中，刚毕业的学长学姐担任辅导员的不在少数，而刘老师与我们的初见像极了《小王子》中的小王子和玫瑰，从她接到我们那一刻起，我们就彼此需要了，书中狐狸对小王子说过："对我来说，你只是一个普通的小孩儿，我不需要你。对你来说，我也只是一只普通的狐狸，你也不需要我。但是如果你驯服（建立联系）了我，我们就互相不可缺少了。"狐狸教给了小王子爱的别名，叫"责任"，而刘老师则带着满腔热情担起了引导和照顾我们成长的责任。刚开学时，刘老师给我们一个问题，我始终铭记：医生的白大褂有两个口袋，分别用来装什么？这个看起来十分简单的问题现在已经成了我一直用来提醒自己的警钟，答案从听诊器、笔记本慢慢顿悟到传承、创新，再到初心、行动。或许以后会有更多的答案，但常常思考这句话总是让你不会走歪，总是能及时勇敢地担起属于自己的责任。

第二个影响就是心智上的成长：刘老师是一个永远积极向上，充满热情的人，心理学上气质类型是"多血质"，用现在的流行语来说是个"e"人。[性格外向的人，"e"人是网络流行词，源自 MBTI 人格测试中的外向（Extrovert）类型] 我曾经一度认为，青年人都应该是刘老师这个样子，然后也跟着她学习，与人为善，积极乐观，也因此认识了很多志同道合的朋友，也是在这个过程中，慢慢学会了怎么在与人相处中寻找自洽。

第三个是理想信念的树立：其实这个是最重要的，毕业以后和刘老师的联系是少了很多，但是总不会忘记刘老师是我的入党介绍人，大学时在刘老师耳濡目染的影响和悉心教导下，我成功加入了中国共产党，也因为是一名党员，才能在懒散的时候要求自己再努力一些，打起精神，不要让组织失望，不要让我的入党介绍人失望。所幸由此取得的一点点成绩被长辈师长们认可，但根本还是因为党员身份所要求的自律带来的，并非我有什么过人之处。

第四个影响是成长方面：刘老师带我们时，比我们只大几岁，也许是成长环境不一样，对于农村出来上学的我，大学是我增长见识的重要时期，刘老师的见识帮我开阔了很多新视野，然后自己慢慢体会到一个人对事物的认知水平决定了其做事风格是谦虚踏实，还是刚猛冒进。而作为一个大姐姐，刘老师在我们的成长路上也给过很多受益良多的建议，譬如，看待事物的格局，日常的工作反馈、沟通技巧，工作中的细节。这些都是在我工作之后才发现，原来曾经无意记下来的几句提醒竟然是这么重要，让我们少碰很多壁。

假如在第四维度上我和刘老师在三维中的相遇是确定事件，那么我还真是生来就是个幸福的人。而现在的我带着刘老师的教诲和期待，在自己喜欢的道路上前进，也同样幸福。

当时看到这个反馈的时候，一下子，真的，除了感动之外还有很多情绪，全部涌上心头，鼻头酸涩，这份爱的涌动，让我切实感受到了学生工作的幸福与值得。

说实话，刚工作的我，真的是异常火爆，嗓门大，脾气大，严苛，较真，眼里容不得一点点沙子，用一副自己以为正确的标准在严格要求每一位学生，很多学生，尤其是学生干部都被我批评过很多次。好为人师可能是我刚工作时最大的一个标签吧。现在回想起来，总觉得对我的2014级学生有很多愧疚，当时是不是有更温和一些的处理方式呢？当时是不是我可以再温柔一点呢？当时是不是我还可以再……感谢我的2014级学生，刘老师并没有做什么，但是亲爱的2014级的333名孩子，你们成就了我。当然后面所有我再带过的学生，包含现在马克思主义学院的孩子们，在我心里你们也非常非常重要，请你们理解，一个刚工作的老师的那份感情，之前所有的成长都在后续的工作中慢慢进步。

讲真的，现在的我，除了体重加倍见长之外，脾气好像也并没有太大变化。从18岁时就劝诫自己做一个情绪稳定的人，36岁了，依然是一个喜怒无常的人。2023年，对于我来说好像是一个思考年，总在思考很多事情，思考工作、生活，思考活着的目标、人生的意义，思考亲情、友情、爱情，思考"我奋斗了18年，才能和你坐在一起喝咖啡"的自信与自卑，思考中年的焦虑和迷茫，思考成长的平庸与不甘心。在和爱人的争执中，爱人说："你不要像管我学生一样管我。"儿子有一次无意中抱怨："妈妈，你爱不爱我，我觉得你爱小哥哥小姐姐比我多。"在面对学生评价中有一些较低分数的时候自己患得患失好多天。爱去思考做每件事情的意义，去纠结每件事情，在这种患得患失中发现过于纠结其实不是思考，而是一种畏首畏尾、一种瞻前顾后、一种忐忑不安而已。也感谢这一年的所有纠结和思考，让自己慢慢地看清楚自己，慢慢明白工作和生活的意义，慢慢地告诉自己："不要着急，慢慢来。"2024年了，在反思中发现自己这个纠结和拧巴的性格确实真的很难讨喜，好像一直感觉就是幸福在昨天。经常在处理事无巨细的业务中抱怨，在解决琐碎细小的问题中埋怨，在加班紧急处理的事情中自怨，在这种忙忙碌碌的情绪消耗中并没有感觉到快乐和幸福，但是在回顾的时候发现的全都是幸福。

2024年立下第一个目标吧，减少不必要的自我内耗，珍惜当时当下的幸福。对学生负责、对工作负责、对自己负责，做一个幸福快乐的辅导员。

03 做好一名辅导员，是2024年这个春季所有努力的开始

小王子说："什么叫'驯服'呢？"

"这是已经早就被人遗忘了的事情。"

狐狸说。"它的意思就是建立联系。"

"建立联系？"

"一点不错。"狐狸说。

……

"我的生活很单调。我捕捉鸡，而人又捕捉我。所有的鸡全都一样，所有的人也全都一样。因此，我感到有些厌烦了。但是，如果你要是驯服了

我，我的生活就一定会是欢快的。我会辨认出一种与众不同的脚步声。其他的脚步声会使我躲到地下去，而你的脚步声就会像音乐一样让我从洞里走出来。再说，你看！你看到那边的麦田没有？我不吃面包，麦子对我来说，一点用也没有。我对麦田无动于衷。而这，真使人扫兴。但是，你有着金黄色的头发。那么，一旦你驯服了我，这就会十分美妙。麦子，是金黄色的，它就会使我想起你。而且，我甚至会喜欢那风吹麦浪的声音……"

……

"那么应当做些什么呢？"小王子说。

"应当非常耐心。"狐狸回答道，"开始你就这样坐在草丛中，坐得离我稍微远些。我用眼角瞅着你，你什么也不要说。话语是误会的根源。但是，每天，你坐得靠我更近些……"

……

"再见。"狐狸说。"喏，这就是我的秘密。很简单，只有用心才能看得清。实质性的东西，用眼睛是看不见的。""正因为你为你的玫瑰花费了时间，这才使你的玫瑰变得如此重要。"

"大人应该以孩子为榜样"，爱与责任，我从来没有想到过从《小王子》来看辅导员工作，亲爱的学生为我打开了一个新的视角。我不可能永远年轻，永远18岁、20岁，但感谢这份工作，让我一直陪伴一群年轻的人儿，一直热忱、一直成长。

就用另一个学生的反馈做结束吧，也作为自己今后工作的勉励。

"辅导员是一个很神奇的存在。第一次听这个名词就是在大学里。直观感受就是遇到一名好的辅导员，其实会是大学里非常幸运的事情。在自己没有遇到事的时候，感觉其根本没有存在感，一整个与我无关。但在遇见事的时候，不论是学业、生活中永远第一个想到的且第一时间可以帮忙解决问题的存在，真实有效，童叟无欺"。

再见，10年。

加油，2024。

字说辅导员之"情"

胡昌娃

情，是抽象的，看不见、摸不着，难猜透，深藏于每个人的内心最柔软之处。

情，是贵重品，我们人类间的联系和交往，大多时候就是靠这种你知我知别人可能不知的东西维系着。

人需要情，人也要有情。冰心曾写道："爱在左，同情在右，走在生命路的两旁，随时播种，随时开花，将这一径长途点缀得香花弥漫，使穿枝拂叶的人，踏着荆棘，不觉得痛苦；有泪可落也不是悲凉。"

辅导员是行走在逐梦青年学子中间的人，陪伴的是一群有点青涩却激情四溢、有点懵懂却心比天高的年轻人。从入学到毕业，从清晨到夜晚，辅导员全过程全时段地都在与学生打交道。辅导员做的是年轻人心灵的工作，因而不仅要有情，而且要能懂情、会用情。

01 情怀要深

若问："情怀是什么？"

我们很有可能听到的回答是："除了眼前的苟且，还有诗和远方。"

这很诗意，但也虚无，既没有让人豁然开朗的激动，也没有让人热泪盈眶的感动，更没有让人豪情万丈的冲动。显然，它不是最好的回答。

情怀与名利无关，应该是人生存之外执着追求的东西，是一种高尚的心境、情趣和胸怀，是内心的一份骄傲、责任和担当。情怀能使人心无旁骛，更加专注；情怀能使人无所畏惧，更加坚强。

2020年9月8日，获得"共和国勋章"的当天下午，84岁的钟南山院士在接受媒体采访时表达了自己的决心：我要请战，希望把中国抗疫的工作抓下去。钟南山院士的话既不高大上，也不华美新，但听了动人、感人、激励人，这或许就是医者情怀最好的一种体现。

职业不同，情怀也不尽相同。社会上有成千上万的职业，但很少有一个职业像辅导员一样，要经常与学生聊人生、谈理想、论天下。那么，作为接触大学生思想最深、交往最密的教师群体，辅导员到底应该拥有什么样的情怀？

从习近平总书记的有关重要讲话中，我们或许可以感悟到想要的答案。

在2019年学校思想政治理论课教师座谈会上，习近平总书记强调：思政课老师情怀要深，保持家国情怀，心里装着国家和民族，在党和人民的伟大实践中关注时代、关注社会，汲取养分、丰富思想。

在2020年第36个教师节到来之际，习近平总书记强调：广大教师要不忘立德树人初心，牢记为党育人、为国育才使命，为培养德、智、体、美、劳全面发展的社会主义建设者和接班人作出新的更大贡献。

辅导员职业的存在价值就是为培养时代新人发挥作用，辅导员应该拥有的就是深厚的家国天下情怀。"家"代表对学生和家庭的责任，"国"代表对国家和民族的使命，"天下"代表对时代和人类的眷爱。

一方面，辅导员要"静下来"修炼情怀，要通过阅读历史、观察现实和思考未来，去认识新时代、感悟新思想、了解新变化，做有历史思维、现实担当、未来眼光的辅导员。另一方面，辅导员要"动起来"锤炼情怀，要通过开展有吸引力和感染力的课堂讲授、交流谈心、媒体传播等思想政治教育活动，弘扬社会主义核心价值观，培养能"知天下""有生民""有价值""有古今"的时代新人。

02 情感要真

动人心者，莫乎真情。

教育是心灵的"碰撞"，一个受学生衷心爱戴、桃李满天下的老师，一定是一位有血有肉、富有人情味的人。

电影《老师好》就塑造了一个接地气、对学生投入真挚情感的好老师苗宛秋：学生打架被抓到派出所，去领人的是苗老师；洛小乙爷爷生病，骑自行车送洛小乙看望爷爷的是苗老师；学生成绩不好，免费给学生补课的是苗老师……

苗老师并不完美，他有点武断、有点爱面子、有点偏爱优秀学生……但他热爱学生，真正把学生当成"自己的孩子"，而不是"别人家的孩子"。师生从互相斗争到其乐融融，班级从一盘散沙到齐心协力，苗老师用的是真情，其一言一行、一笑一怒无不是对学生成长真切关爱的流露。

辅导员就是一个靠情感输出支持的职业，同时也在与学生的心灵"碰撞"中收获情感。苗老师遇到的事，辅导员不仅都会遇到，而且可能遇到的事更多、更复杂，但有没有苗老师做得那么精彩、那么动人、那么让学生怀念，关键就要看辅导员在工作中有没有投入真情感了。

真情来自内心，来自设身处地。

首先，辅导员要把所有学生都看成朝气蓬勃、有发展潜质的年轻人，即便是有这样那样缺点的"问题学生"。否则，因在内心已为他们分出了三六九等，就不可能用真情去对待那些"差等学生"，他们自然也就成为自己的"对立面"。

其次，辅导员要会换位思考，能站在家长的角度去看学生，站在学生的角度去看问题。每个学生都承载着家庭的厚望，都是父母的孩子；每个学生都有自己的情况和思想，都是一个个体。辅导员如果把学生当成"一个家庭的孩子"、把问题想成"自己遇到的事情"时，就会不由自主地增强责任感、人情味。

表情是内心的镜子，语言是思想的外衣，行动是感情的诠释。辅导员要通过表情、语言和行动向学生传递自己的立场、观点和要求，来表达自己的真情实感和喜怒哀乐，让学生感受到辅导员老师是有血有肉有感情、不假不空不做作的人。

一方面，辅导员经常微笑的脸庞、循循善诱的话语和走进学生身边的关爱，会无形中树立辅导员亲和、阳光、向上的形象，进而拉近师生之间的距离，形成良性互动，增进师生之间思想的交流。

另一方面，辅导员有时严肃的表情、严厉的话语、"恨铁不成钢"的举动，可以有效传达辅导员的威严、底线和心情，让学生知敬畏、有戒惧的同时，慢慢体会老师的良苦用心。

毕业后，学生常常念叨的老师往往是那些有脾气、有个性，甚至"教训"过自己的老师，因为那让他们更深刻地感受到了老师的真情，且收获了个人的成长。因而，辅导员要尤其注意在第二种情况下去表达自己的情感。

03 情谊要纯

师生情谊是人类最美好情感的一种，总是让人无限赞美与怀念。

师生情谊之所以美好，在于它纯粹、纯净、纯真，在于它不掺杂质，亦亲亦友。

作家周国平说："一切交往都有不可超越的最后的界限，而一切麻烦和冲突都源于想要突破这界限。"

辅导员与学生之间的相处更是如此。辅导员只有把握住与学生交往的界和度，做到交而有戒、往而有距，方能守得住高尚师德，建立起纯洁情谊。其中，辅导员能否处理好师生交往中"人情界限""情感界限"两个界限最为关键。

曾有位网友在微博上爆出一则信息："某辅导员结婚，班委等一系列稍微有点官职的同学都给导员发了500块钱的红包，很多人本意都不想发或者不想发这么多的，毕竟对于一部分学生来说那可是半个月的生活费啊。有的同学甚至借钱给导员发这500块钱……"这则信息迅速引来网友的围观和议论，"大学辅导员结婚收红包"一事瞬间被炒得沸沸扬扬。后经学校调查，情况基本属实，该辅导员受到了严肃处理。

古人讲："君子之交淡如水，小人之交甘若醴。"师生间的交往若掺入了"物质"的人情往来，师生情谊往往就无法纯洁，久而久之就走向利益的交换。毕竟，辅导员身兼老师和朋友的双重属性，在与学生的相处中，辅导员手握更多决定权，处于绝对的主动地位。

试想：今天学生请辅导员吃一顿饭，明天学生送辅导员一张购物卡，再过几天家长又给辅导员寄一点特产，辅导员还如何当好老师的角色？如何一碗水端平地对待所有学生？

师生之间的交往交流还存在有"情感界限"的问题。当前大多数辅导员是刚毕业的本科生或研究生，年龄与学生相近，再加之与学生日常接触多、距离近，很容易产生男女情感的吸引。若没有"情感界限"的把控，久而久之就有可能产生"师生恋"。

近些年，一些高校屡有师生恋爱的新闻曝出，且多涉及利益交换。面对这样的师生恋，不少网友认为：不平等的恋爱，都是占人便宜，不能有在校的师生恋。教育部《关于建立健全高校师德建设长效机制的意见》明确划出了高校教师师德禁行行为"红七条"，其中"禁止高校教师与学生发生不正当关系"的白纸黑字成了关键词，为师生之间画上了一道泾渭分明的"情感分割线"。

因而，辅导员要与学生建立纯洁的师生情谊，一是必须与学生划清"人情界限"，做到"勿以小而收之，勿以微而受之"；二是必须与学生划清"情感界限"，做到"保持适当距离，不越雷池半步"。

04 情从心来

情怀是一种感悟，情感是一种感受，情谊是一种感应。

情怀深就会有热情，情感真就会有温暖，情谊纯就会有品质。

辅导员若有情、重情，自然会用热心、责任心做好学生工作，自然会用爱心、耐心对待学生。

辅导员只有做到用心投入、以情育人，才可称为好辅导员。

字说辅导员之"稳"

胡昌娃

2020年的第一个字，第一份祝福，送给一同在学生工作路上的你我。

2019年，面对各种挑战，中国从容应对，稳就业、稳金融、稳外资、稳外贸、稳投资、稳预期，处变不惊，稳中求进。

2019年12月20日，"汉语盘点2019"仪式在京揭晓，其中"稳"字高票当选年度国内字，可谓实至名归！

"稳"对国家、对社会来说意义重大、影响深远，对高校辅导员来说更是意味深长，需要深思，值得收藏。

01 学生安全稳定大如天

稳定既是一切工作的基础和前提，也是开展工作的基本目标。

做辅导员之前，不知安全稳定是细微具体的，是"丰富多彩"的，好像很近但又很遥远。做辅导员之后，才知安全稳定近在咫尺，最怕半夜手机铃响，最怕保卫部派出所来电话。

这学期一个周末，我们一个辅导员接到电话，父母联系不上孩子，辅导员动员学生也找不到，该学生不接电话、不回短信、不回QQ，不回微信，所有能用的途径都用了，就是没有人知道她在哪，去干啥了。

失联，对辅导员来说无异于晴天霹雳。大家都快急疯了，期望好消息的同时，内心也在不停打鼓：这孩子是否独自外出遇到了危险？是否有心理问题想不开？是否被不良思想甚至敌对势力渗透到了不该去的地方？是否还健在？是否……

好在经过不懈努力，绝望时刻最终找到该学生，她原来只是利用周末去兼职，不方便接电话。

见到学生的那一刻，辅导员那种又爱又恨的情感无以言表。也许有人会说，你们戏真多，是不是网剧看多了？是不是神经太过脆弱？是不是想象力过于丰富了？也许这些猜想大多数辅导员没有遇到，可听说过，并且确实以各种方式展现过。

这不是敏感，更不是矫情，而是因为学生的安全事关学校社会和谐安定，事关学生健康成长，事关家庭幸福，太重要！辅导员是学生安全稳定工作的直接负责人和处理人，背后是鲜活的生命、家庭的期盼、社会的关注，不怕一万，就怕万一。

所以，校园多了一种不安全，叫辅导员觉得不安全。

安全稳定千万条，重视防范是头条。辅导员重视它，就要抓好教育，理想信念最要紧，应该润物无声，安全意识重中重，就要反复唠叨；辅导员严防范，就要深入学生，见微知著，明察秋毫，及时发现征兆，立即消除隐患。

02 心态宁静沉稳才能收获"果实"

万物生长有规律，一个人的成长也需要像禾苗生长一样，不急不躁，宁静沉稳。

如今，辅导员大都年轻，都有不服输的精神，都有一颗向上的心，都希望速速做出出彩的事、结出丰硕的果，都期望快快得到学生和家长的认可、同事和领导的称赞，都渴望早早做出一番成就，拥有光彩的前程。

可梦想的光芒不一定会那么快照进现实。

随着工作时间的推移，当处于平均每天接打40多个电话、接收100多条信息、随时奔赴矛盾现场"救火"，而无暇"做大事"或放松休闲之时，当看到同时参加工作的专业老师学术有精进、机关人员职位有上进，而自己年终总结只在换数字、无"大成果"之时……

有辅导员就会发现职业前景是那么模糊，人生梦想是那么遥远，美好前程是那么缥缈，心也就急起来、躁起来。

是稳住还是动摇？是坚守还是变换？这是一个问题，也是一个考验。

梁启超曾说过，人生须知负责任的苦处，才能知道尽责任的乐趣。

褚时健曾讲过一个故事，一个年轻人找到他，说自己大学毕业六七年了，还没有什么显眼的成就，很苦恼。他回答道，年轻人急不得，要20年后见成功，我80岁还在摸爬滚打呢！

不因受挫折而躁，不因晚成功而急，不为繁华而动，静心沉稳方能成大器。辅导员从事的是育人的事业，做的是涓涓细流的工作，需要耐得了寂寞、扛得了诱惑、受得了委屈，需要懂得舍得，做一个坚守初心、稳步前行的人。

03 本领提升也需要蹄疾步稳

"稳"字由禾和急组成，可以理解为两层意思：一是有了庄稼就会有粮食，我们就不用急了，也就稳了；二是有了庄稼，我们还须抓紧干活多打粮食，才能稳了。

对辅导员来说，"粮食"就是辅导员的本领，本领提升的过程好比把"庄稼"变成"粮食"的过程，也就是学习的过程。辅导员只有通过学习，更快更多地拥有"粮食"，方能适应不断变化的环境和青春向上的学生。

习近平总书记对青年干部抓好学习、提升本领有许多寄语和精辟论述，他本人也为青年树立了勤于学习、善于提升的榜样。《习近平的七年知青岁月》中讲述，青年习近平，做事很努力，读书很认真，也很有学习的方法。

他抓紧时间学，"上山放羊，我揣着书，把羊拴到山坡上，就开始看书。锄地到田头，开始休息一会儿时，我就拿出新华字典记一个字的多种含义，一点一滴积累。"他博览群书学，"我喜欢文学、历史，为了用好一个成语，经常翻阅很多词典，一物不知深以为耻。"他联系实际学，"这使我认识到，学术、知识不能只是在嘴上，要联系实际，做到知行合一、格物致知、学以致用。"

青年学子最富朝气和活力，青年学子最具想象和想法。跟不上他们的节奏，辅导员就会被抛之脑后；没有扎实的工作本领，辅导员就会被甩在一旁。

即使辅导员等得起自己进步的时光，可青年学子等不及辅导员缓慢地成长。辅导员没有第二个18岁，但必须有做18岁青年学子人生导师和知心朋友的本领。

因而，辅导员要抓紧学习，以时不待我的危机感学，学在前头，走在前列，做到"蹄疾"，当好"领头羊"；就要稳步学习，抓好理论武装，打好思想基础，联系实际知行合一，增厚度、拓宽度、扩广度，做到"步稳"，当好排头兵。

04 稳，不是故步自封，不是枯燥呆板

稳，既是一个工作要求，也是一个奋斗目标；稳，既是一种能力修养，也是一种进取状态。

习近平总书记指出，稳中求进是当前和今后一个时期党和国家工作总基调。作为高校辅导员，我们需要细细体悟，深入理解，把它融于心、践于行。

字说辅导员之"忙"

刘红勤

"两眼一睁，忙到熄灯，两眼一闭，提高警惕"，如果你和一个辅导员说："哇，我好羡慕你的工作，不用上课，还有寒暑假，天天和学生聊天。"估计会有两种结局，一是江湖儿女，就此别过，友尽；二是一双白眼，一声长叹，一种不可与夏虫语于冰也的哀怨。当然也还有一种可能，理你的工夫也没有，留下一声呵呵，呵呵，呵呵呵。

"忙"是辅导员的日常工作状态，不仅是生活上，心理上更是：是每日接打不断的电话中透出的事无巨细，是家长隔着长长电话线带来的期待，是事无巨细的业务工作中的零差错，是办公室、宿舍、医院、食堂四点一线奔波下的责任压力，是家中父母自此一别没有春夏只有严冬的深深挂念，是闺蜜兄弟好友聚会爽约的声声歉意，是领导满含期待循循善诱的语重心长……

忙忙碌碌，日复一日，年头年尾，忙碌的生活中，你看到了什么？听到了什么？经历了什么？得到了什么？失去了什么？有没有时间听听自己内心的声音在说什么？

01 忙而不怨你的忙碌，为什么只能感动自己

每想随遇而安，贫而无谄，忙而不怨……

这并非想偷懒。真理是这样：凡真正工作，虽流汗如浆，亦不觉苦。反之，凡自己不喜作，而不能不作，作了又没什么好处者，都使人觉得忙，且忙得头疼……

所谓真忙，如写情书……虽废寝忘食，亦无所苦……所谓瞎忙，表面上看来是热闹非常，其实它使人麻木、使文化没落，因为忙得没意义……在这种忙乱情形中，人们像机器般地工作，忙完了一饱一睡，或且未必一饱

一睡，而半饱半睡……

——老舍《忙》

汉字的独特性在于，一旦拆解，就会发现汉字的来源渗透着古人对世界的领悟和对美好生活的向往。忙，从心，亡声。形容词是"出门看伙伴，伙伴皆惊忙"的急迫和慌张，是"田家少闲月，五月人倍忙"的事务繁多，是"迷惘昏眊若有所失"的茫然无措；动词是赶快、赶紧、急于，做事的急速。

忙，心亡也，不知道方向，不清楚位置，"不知道一天到晚在忙些什么""忙死了，忙晕了，内心却怅然若失""头晕眼花，心乱如麻，忙到飞起，忙到我太难了"。没有方向的忙，如同放风筝，心丢了，抓不住绳子，风筝毫无目的地满地飞，飞得再远、再高，却收不回来，有可能还被挂在树上，或者被丢进河里，不知所终。《弟子规》云："事勿忙、忙多错。"为应付而忙，为敷衍而忙，为决策失误而忙，为不能防患于未然而忙，为未能有效管理和服务而忙，为曾经偷过的懒而忙，为侥幸而忙，忙到心累与崩溃，忙到自己不知何去何从，忙到感动了自己，忙到委屈与抱怨。兜兜转转停留在忙的阶段，学生不解，天天找老师找不到，老师在忙啥？同事疑惑，这天天的脚不沾地怎么也没见工作有什么起色呀？自己自怨自艾，为什么都不理解我，为什么工作安排给我，为什么学生又有事情，为什么又说我，为什么有那么多为什么？自己忙，自己累，自己手忙脚乱；学生怨，学生慌，学生不知所措。老舍在《忙》中对于真忙给予的解释，同时也给予忙碌中的我们明确启迪，"所谓真忙……这是真正的工作，只有这种工作才能产生伟大的东西与文化。人在这样忙的时候，把自己已忘掉，眼看的是工作，心想的是工作，做梦梦的是工作，便无暇计及利害金钱等了；心被工作充满，同时也被工作洗净，于是手脚越忙，心中越安怡，不久即成圣人矣。情书往往成为真正的文学，正在情理之中。"找寻自己的本心，在忙碌中收获价值，手脚越忙，心越平静，反而不慌不乱、不悲不惧，这样在学生深夜生病送往医院时不会因为半夜睡眠被打搅而抱怨，反而对学生的及时就医而感到欣慰；在学生日复一日的谈心谈话中不会因为琐碎而焦躁，反而是对于学生的信任而欣喜；在学生工作的事无巨细中不会因为烦琐而抗拒，反而是在对学生的帮助中而得到收获；在学生工作中的点滴付出中与学生共同成长，取得属于自己的职业获得感。忙，从心，亡声。若带着自己的初心、本心、真心，不会亡也。

保持这份初心与热爱，才不会抱怨。这份初心就是对学生的热爱，对教育事业的热爱，对"为党育人，为国育才"的热爱与坚守。关心着你的关心，在乎着你的在乎，与你一起成长着、感动着、努力着、认真着、忙碌中，共同收获着。

02 忙而不盲你的忙碌，只是看起来比较努力

"忙，却似乎也没忙出什么结果，时间被碾得如此之碎，一阵风吹过，稀里哗啦全都不知去向，以至于我试图回想这一年到底干了些什么时，发现自己简直是从一场昏迷中醒来。"

天天对学生说"我爱你"，学生估计会想"我的老师恐怕是个傻子"；天天对工作说"我爱辅导员这个岗位"，一腔热情，满腔情怀，时间久了，估计自己也会累。在琐碎中、忙乱中，热情、激情逐渐会被消耗，倦怠像一只调皮的黑猫，在每一个碌碌无为的日子逐渐袭来，逐渐吞噬从业初始的那份决心和信心。沉迷于琐碎的事务中无法自拔，迷茫困惑的也是自己。感动的只能是自己，空虚的也是自己，慢慢地，忙碌变成迷茫，迷茫变成盲目。辅导员忙，学生干部盲，学生茫。层层传递下去的只能是慌张、忙乱、低效率。单纯为了忙碌而忙碌，为了机械而忙碌，闲下来无所事事而忙碌，空虚而忙碌，被动安排而忙碌，别人都在忙，所以我也要忙碌，很容易迷失方向，在"忙过这一阵，还有下一阵的"无奈中不知何去何从。很多人相信努力付出一定会有回报，但是努力和效率是一起的，如果只是陷入低程度的努力和收获是不成正比的，例如，机械的重复，低效的工作方法，被动地等待安排，眉毛胡子一把抓的杂乱无章。刘墉所说："你可以一辈子不登山，但你心中一定要有座山。它使你总往高处爬，它使你总有个奋斗的方向，它使你任何一刻抬起头，都能看到自己的希望。"电影《银河补习班》中邓超扮演的父亲马皓文这位曾经"最了不起的爸爸"告诉儿子"人生就像射箭，梦想就像箭靶子，连箭靶子都找不到在哪，你每天拉弓有什么用"，告诉我们人生有了梦想会有多不同；《高效能人士的七个习惯》通过刻意练习告诉我们的关键词"目标明确，专注投入，及时反馈，不断挑战舒适区，找到行业优秀

导师，强化动机，坚持练习"，也许你会将其归结为正确的废话，但生于一个怀抱梦想的时代，梦想也是现实的，为什么不从现实开始，让自己从繁忙中理出方向和思路呢？"精要主义"提出化混乱于笃行，化复杂为成就，让自己的忙碌有价值，对得起自己的耕耘。有目标、有行动、有方法，无论事务有多繁杂，在千头万绪中理出思路，有效的时间管理，科学的工作规划，明确的努力目标，清晰的个人规划，有效的学生干部队伍的培养，均能使自己拨开云雾，忙里也能偷得浮生半日闲。当忙忙碌碌一年过去，留下的是充实，而不是迷茫。忙而不盲，不瞎忙，才不会感到倦怠。

03 不慌不忙不悲过去，不惧将来，打磨更好的自己

"我大学平均一年大概读100本书的样子，等你大学毕业的时候我不希望听到的是你取得了多少证书，而是能告诉我读了多少本书，要做一个灵魂饱满的人。"

——来自亲人的寄语与祝福

这是姐姐送给12年前的我的话，那时的我不解，以为作为"学霸"的姐姐难道不是应该传授我如何成为"学霸"，如何取得更多证书的技巧吗？如今感慨万千，这是对于毛毛躁躁的我的金玉良言。多读书，保持好奇心和学习力，努力充盈自己的灵魂，那么自会"不疾不徐，清风自来"；5年前刚工作的时候略显躁动，姐姐告诉我"放下虚荣心，放下浮躁心，放下骄傲心，用一颗平常心，走平常路"。成功入职，以为进了人生的保温箱，做了辅导员，成为大学老师，不再是学生，自我开启"温水煮青蛙"模式，自我安慰与催眠，自我满足。成长是每个人一辈子的事，它无关年纪。无论何时，停滞成长，才是最可怕的衰老。未老先衰，学生在成长、时代在变化，停滞不前的我如何面对快速变化的学生工作呢？恐怕只剩下忙乱。"会者"不忙，不慌不忙，如何成为一名"会者"？你的思维方式，藏着自己的未来，提高自身学习力、锻炼行动力和判断力，从而逐渐平衡时间和精力。如果愿意开始，现在就是最好的时间，不悲过去，不惧将来，静下心来慢慢打磨更好的自己。

感谢姐姐，总是及时地提醒，指点迷津。

感谢生命中的萍水相逢与温暖陪伴。

辅导员壹小家，新的一年，愿意成为互相提醒的陪伴，一起努力，一起成长。

学生工作路上，一路同行。

在办公室加班中收到来自同事好友的意外惊喜，感谢生活中的每一份感动。

字说辅导员之"道"

滕婉蓉

01

说起"道"这个字，跟我着实有缘。依稀记得，2017年我第一次参加辅导员素质能力大赛时，主题演讲环节抽到的题目就是"明道、信道与传道"。那一夜，我一晚上都没有睡，搜集了各类资料，绞尽脑汁地破题立据，磕磕巴巴地才写出了一篇演讲稿，死背还背不下来……那时，我刚当辅导员满半年，带的全部是新生，对辅导员工作的认识和体悟才刚刚开始。到了第二年，我又一次参加了辅导员大赛，因为改了赛制，辅导员技能大赛变成了素质能力大赛，主题演讲也变成了理论宣讲，甚至是没有定题演讲和即兴演讲一说了，大家都是考前几分钟抽题，现场宣讲。当年赛制改变之大，让很多选手一时间都摸不着头脑。我很幸运的是，在比赛的前5分钟，抽到的题目竟然又一次是"明道、信道与传道"。这次的我，似乎比之前从容了一些，中间虽有卡壳，但整体是相对顺畅的，那时候我的宣讲中加了很多跟学生在一起的经历，分享了很多心得与体会，对辅导员之道的理解似乎更多了一些。

今天，我想与你分享的仍然是"道"，"明道、信道与传道"，我还想加一个副标题"立德树人守正道，春风化雨润无声"。

02

道，简单的理解就是道路、方向，而今被更多地衍生为一种规律、一种本质。对于中国而言，从古今之，一直都很讲究道，从有道开始，道德的道非常道。儒家经典"四书"之一的《礼记·大学》开篇中第一句话是"大学之道，在明明德，在亲民，在止于至善"。古今中外，关于教育和办学，有一点是共识的，就是要培养社会发展所需要的人。习近平总书记曾说："大学最重要的意义就在于培养有政治素质和道德素质的一代新人，这些人应该是有理想、有自我完善的能力，也有服务社会的热情。"大学是传播知识、创造知识的神圣殿堂，每所大学都在一直探寻到底应该培养什么样的人、如何培养人、为谁培养人，这是大学思想政治工作之道。作为一名辅导员，我们是高校思想政治教育的排头兵，既是大学生的良师益友，又是青年学生成长路上的引航者，在我看来，把握好思想政治教育工作的方向和规律，立德树人是我们的根本之道。

俗话说，"正人先正己"。没错，对于我们一线辅导员而言，与学生思想政治工作日月相伴，与学生接触得最多，交流得最多，最为亲切，最为广泛，要想更好地引导学生，帮助他们成长成才，自己的道行必须明确起来。这就要求我们首先要提升自己的理论修养和理论水平，只有自己掌握了科学理论，真学、真懂，才能真正做好理想信念教育；其次，我们要提升道德素养，不断规范自己的行为，率先垂范，用执着坚定的理想信念引导学生，用积极向上的价值理念鼓舞学生，用脚踏实地的工作态度感染学生，以自己的感染力和独特的人格魅力去吸引学生；最后，我们还需要了解和掌握育人之术，明确工作方向，将育人的工作做好做精做到极致，把工作重心放在服务学生中去，才能真正影响和引领学生成为德才兼备、全面发展的有用之才。

03

在成为学生人生导师和知心朋友的道路上，对于每个辅导员来讲，都是一场艰辛的修炼。帮助学生坚定理想信念，扣好人生第一粒扣子，这可能是我们每一名辅导员的神圣使命和重大职责，那么，该如何帮，怎样帮呢，这是摆在我们面前的一大问题。要给别人一碗水，自己至少要有一桶水。辅导员的思想政治状况具有极强的示范性，工作核心是思想政治教育，讲授的是心灵的学问，耕耘的是思想的田地，回答的是时代的课题。在我看来，帮助学生成为坚定的马克思主义理想信念者，其前提是，作为辅导员的我们得先成为坚定的马克思主义理想信念者，而且要坚定不移地信。习近平总书记在主持召开学校思想政治理论课教师座谈会时，提出加强思政课教师队伍建设的六条要求，其中第一条就是"政治要强"，并明确强调了"让有信仰的人讲信仰。"传道者首先要明道和信道，辅导员必须坚持教育者先受教育，不断加强理论学习，将马克思主义理论修养为辅导员筑牢信仰之基，在大是大非面前，不糊涂、不动摇、不退缩，始终坚定"四个自信"。自觉做道路自信的践行者、理论自信的信仰者、制度自信的捍卫者、文化自信的传播者。努力将引领青年学生坚定政治信仰、厚植家国情怀、增强价值认同、与祖国发展同心同向同行为己任，培养肩负起民族复兴大任的时代新人。有底气、有信念地从事日常的思想政治工作，身体力行，以身作则，才能理直气壮地教育帮助学生坚定理想信念，以情感人。

04

至于该怎么去传？如何做好思想政治教育的发声筒？我想用以下八个字概括：春风化雨，润物无声。明道、信道的路上我们坚定着，而在传道的路上更需要我们掌握合适的方式方法，遵循思想政治教育工作规律，遵循学生成长规律。在管理班级时，要充分发挥党员、学生骨干的先锋模范作用；在处理奖助补贷困时，要规范工作的每个环节，做到公平、公正与公开；在指导学生参加校园文化活动或社会实践时，要提供明确的方向和思路，积极参与带队与指导；在开展学风建设和心理咨询工作时，要结合班级和个人的实际，把握规律，有针对性地进行指导；在进行就业帮扶指导时，要及时宣传并解读就业政策，提供合适的就业岗位，积极推荐学生。

有人说，陪伴是最长情的告白，守护是最沉默的陪伴。陪伴守护固然漫长，但是在日积月累中，在一次次与学生的相处交流中，当你在用心用情用力地真诚关心帮助每一位学生成长成才时，你的一言一行、忙碌的身影、默默奉献的付出，早已在学生们心中留下了深深的烙印，在你的精心呵护下，学生们终究有一天会从幼苗长成参天大树。想学生之所想，需学生之所需，时时正向引导他们，真正关注、关心、关爱他们，与学生为友，与学生为伴，深入学生，了解学生，努力成为学生思想问题的解惑者、专业学习的指导者、人生发展的导航者、生活心理的关怀者，学生信赖于你，愿意听，喜欢做，收获了，成长了，你所传的道便成了。

05

辅导员，从表面上看似是一种职业，但从更深远的意义上讲，它是一种事业，更是一种梦想。用青春陪伴青春，用已知探索未知，用未知的美好激励当下，用理想的力量影响现实。我想这便是我们辅导员的价值所在，在明道、信道、传道过程中守住正道，立德树人，春风化雨，润物无声。

字说辅导员之"路"

雷骥良

鲁迅的《故乡》中曾说过这么一句话"世界上本没有路，走的人多了也就成了路"。

70年栉风沐雨，70年筚路蓝缕，中国用70年完美地书写了属于自己的中国特色社会主义道路，时光荏苒，转眼2019年已结束，2020年悄然而至，属于我的辅导员路也走上了正轨，在这条路上有思考、有领悟、有收获，有更多的感动和对未来的憧憬。

01 回首来时路

2017年12月2日，听闻医学院招聘辅导员，同学们说辅导员工作就是一个大班长、大班主任，带学生学好玩好顺利毕业就可以，我欣然前往。

面试中当老师问我为什么选择担任辅导员？

我热爱学生工作，愿意陪同他们一起成长，开始了实习生涯。

刚到实习岗位上，杨老师、刘老师给了一本学生手册和一堆学习文件，其中24号令、43号令明确指出：辅导员应当努力成为学生的人生导师和健康成长的知心朋友，培养又红又专、德才兼备、全面发展的中国特色社会主义建设者和接班人。

从各位前辈的工作中，我发现每日最早亮灯的是辅导员办公室，最晚下班的是辅导员；在各老师办公室，经常可以看到学生络绎不绝的身影。他们用行动教会我辅导员的"婆婆妈妈"，更需要情怀，无私奉献。那时的我大概理解辅导员立志要做一名与学生共甘苦、共命运、同呼吸，全心全意为学生服务的初心。

我的专业并不是很对口，朋友问我你计划怎么做？仔细分析后，我把辅导员比作新的硕士研究生求学经历，这个专业名叫思想政治教育，在这里我需要学习核心课马克思主义理论课，行为教导、情感疏导、心理辅导、就业指导等专业课，并活学活用在自己的工作学习生活中。

02 思考发展路

一年多工作中，参加过几次培训，也经历过很多回交流学习，尤其是在现实的工作中发现，能够从一而终担任辅导员的不多，但也有很多干了一辈子的辅导员。

辅导员经常会有各种日常事务，琐碎繁杂，如果沉浸在业务中，职业感、幸福感自无从说起，我也曾一度迷茫，面对各种诱惑迷路，考虑辅导员为什么这么累，还能坚持走下去吗？

仔细考虑过后发现，若无心中理想，有想做或必做之事，所有的工作都会产生职业倦怠，但辅导员不一样，不仅有国家重视——习近平总书记强调，高校思想政治工作关系高校培养什么样的人、如何培养人以及为谁培养人这个根本问题；也有学校支持——高校辅导员双重身份、双重管理、双线晋升；有平台，有支持，再有坚持和梦想就可以做到终生化、职业化。

当我见到靳老师已毕业的助理亲切地叫着靳妈妈时，看到谢嵘老师出差下飞机时早已等候的学生时，听到已毕业几十年的老校友返校都第一时间寻找自己当初的指导员时，均提及如果当初不是遇到"他／她"这样的辅导员，他们的人生轨迹就变了，这些都使我深刻地体会到做辅导员的幸福感。

人们常说辅导员两眼一睁，忙到熄灯，更笑谈别人上班"996"，而辅导员上班需要"007"时，我承认辅导员确实需要24小时待命，有时可能需要一周7天工作，也曾一度迷茫，为啥我要干这个，挣钱不多，升官无路。

但想发展就必须做出改变，从"007"的工作时间变为"007"的工作能力和工作方式，有任务能说干就干，有困难能迎刃而解。

为此我们需要有激情和活力，每天面对的都是20岁左右的青少年，饱满的热情才能更好地带动学生热爱学习，参加活动；需要有总结和经验，每天我们的工作有很多是重复的，也有很多是陌生的，在处理完一个事情后，将好的经验传承，牢记教训才能提高效率，从机械工作中解脱；需要有政治和情怀，理直气壮地讲政治，大大方方地讲思想；需要有视野和思维，格局决定结局，思维决定出路，有眼界才能看清世界，拓展自己的认知角度，才能帮助学生立鸿鹄志、做奋斗者；需要自律和自强，完成这一系列要求才能成为好的辅导员，像"007"一样形成自己的人格魅力，遇事不慌张，行动有度，做好学生榜样。

03 规划未来路

如今的自己已经从新辅导员成长为老辅导员，未来的日子里仍需做好职业规划，提升自己的硬实力。

一是提升自己的理论水平。毛主席带领中国人民成立了新中国，关键也是从"马背"上学习到最新的马列主义，进而结合实际审时度势，建立了井冈山革命根据地，传承了星星之火。对高校工作者而言，明道才能传道，我们作为学生的人生导师就必须比学生看得远、看得正确。辅导员学习新理论、做研究，既是提升职业能力的工作需求，也是个人职业发展的要求。日常积极参与项目申报，从研究解决学生工作做起。

二是业务能力学习。提高业务水平，能有效地解决学生的实际问题。通过学生工作例会、学生工作研讨会，探讨在新形势、新要求下，将思想理论教育和价值引领如盐渗透，如水随行，从而入脑入心；党团和班级建设、学风建设推陈出新，行之有效；日常事务管理有张有弛，高效便捷；做到心理问题早发现，利用好网络宣传阵地。像海绵吸水一样，将有用的工作方式向书本、向前辈、向同事甚至向学生学习，博采众长。

三是随时调整工作节奏。不同年级的学生所面临的问题以及所需的知识面不同，尤其医学生更是如此，关注医学核心课程，多与学生聊天，按照学生所处年级准备相应材料，对低年级学生做好入学适应和学习指导，教会他们如何与人相处，积极参加活动；高年级学生已经经过一定时间的适应锻炼，更需要对他们做好专业学习和自我成长指导，鼓励他们参与"SRP（学生研究计划）"；对临近毕业的学生做好应试、应聘、就业以及入职适应等指导。在对应时间节点前，考取心理咨询师、职业生涯规划师以及就业指导师。

04 走好脚下路

"我志愿成为一名高校辅导员，拥护党的领导，献身教育事业，恪守职业规范，提升专业素养，情系学生成长，做好良师益友。为培养社会主义合格建设者和可靠接班人而努力奋斗！"

跟紧党的脚步，情系学生，使命在肩，这既是一份誓言，也是一份诺言。马上三十而立的年纪，不短不长的人生路上有过迷路，走过弯路，但现在的我更愿意坚定初心，做好与学生共同成长的陪伴路。

字说辅导员之"律"

李浩

律，在百度百科上是这样解释的，从彳（chi）从聿（yu）。记录下来（聿）的行为（彳）准则。意为标准、法律、规则、规范、榜样、模式，表示约束防范。同时，律也是旧诗中的一种体裁，如五律、七律。

我国古代审定乐音高低的标准，把乐音分为六律和六吕，合称十二律。

书归正传，今天，我不说旧诗，也不说音乐，就说一说我们辅导员要做到的两个"律"。

01 纪律

何为"纪律"？百度上这样说，指为维护集体利益并保证工作进行而要求成员必须遵守的规章、条文，它具有社会性、历史性、阶级性和强制性。

捷克伟大的教育家夸美纽斯说过，"学校没有纪律便如磨坊里没有水"。而我们辅导员就是学校纪律的第一线守护者，大家都知道，辅导员是开展学生思想政治教育的骨干力量，是学生日常管理工作的组织者、实施者和指导者，是大学教师和管理队伍的重要组成部分。

俗话说，没有规矩不成方圆，作为一名高校辅导员，一定要有鲜明的纪律意识，明白并了解学校的纪律条例。同时，作为一名中共党员，守纪律是一名党员的基本准则。

为正人先正己，人己一样，首先自己遵守纪律，做事说话要"言行一致"，表里如一，这样的辅导员老师才是具有威信的。对于事务工作，或者说给学生安排的事情，一定要明确时间节点，必须按时完成，不要出现推脱扯皮的情况，这也是纪律意识的表现，这样带出来的学生才能够以辅导员为标准去做事，无论是在学校还是走向社会，都能够遵规守纪，养成良好的纪律意识。

同时，将自己积极向上的一面展现出来也是重要的一点，近朱者赤近墨者黑，积极的状态会影响身边的人，积极向上的老师更是会影响自己的学生，相信这样的老师带出来的学生也一定是有态度、有水平的。

我清楚地记得我给学生第一次开升级会的时候，着重强调了纪律这件事，做人要讲原则、守纪律，做一名大学生更要这样，这是底线，也是红线，一旦触碰，必然会有相应的后果等着你。所以，我们作为辅导员，作为思政教师和管理者中的一员，一定要自身做好榜样。

02 自律

何为"自律"？百度上又是这样说的，指遵循法律并以此为基础进行的自我约束。

甲骨文字形的律，是像手拿着笔书写行文以示颁布的样子，在当时的含义可能就是颁布法律。"律"也是有音律之意，音是有高低之分的，是有标准的，也就是说明了规范、标准之类的意思。联系到我们辅导员本身来说，自律意识是必不可少的素质，辅导员是育人岗位，并肩负着重要的职责，因此养成良好的自律习惯是成为一名优秀辅导员的基本素质之一。唐朝的张九龄在《贬韩朝宗洪州刺史制》中说到："不能自律，何以正人。"这句话用在我们辅导员身上最是恰当不过。我们都知道，学生的眼睛一直在看着我们，群众的眼睛也是雪亮的，自己做不到的事情无法要求学生做到，辅导员的威信也便从此渐渐消磨殆尽。所以，学会自律，从点滴小事做起，如按时起床、按时上下班等，当然了加班除外，都是自律的体现。

"己所不欲，勿施于人。"老祖宗的话是很有道理的，自己都不愿意去做的，不要加给别人。辅导员要有带头意识，要有"领头雁"的意识。严于律己，脚踏实地，方可带好学生，而非流于表面工作，真正的人格魅力是在把工作做实的基础上才能体现出来的。

说一千道一万，自身做好最关键。行得端，坐得正，他人不把闲话传。

做人的工作，交心的工作，只要肯用心，就会有无限的可能。

字说辅导员之"智"

罗华英

智 [zhì]，汉语汉字，矢口日，矢，即是箭，口即是口，日即是太阳。表义为口中言语如箭而出如太阳。内义为知日，知太阳也，知太阳之阴阳也。广义为明万物阴阳之本，知万物阴阳之变化，对事物的过去、现在、未来的变化对答如流，胸有成竹。

"智"义：聪明，聪慧，有知识，有计谋。如梁启超"少年智则国智"，《管子》"四时能变谓之智"，《战国策》"仁不轻绝，智不轻怨"等。"智"有深厚的文化意涵，在儒家的道德规范体系中，"智"是最基本、最重要的德目之一，也是儒家理想人格的重要品质之一，被视为"四德"及"五常"之一。"智"也是指人们普遍具有的辨认事物、判断是非善恶的能力。

2017年"汉语盘点"活动中"智"字当选为国际字，一个"智"字，描述了中国视野下的社会变迁和世界万象。

高校辅导员所面对的是众多生活在当今网络自媒体时代、大数据时代下有着不同家庭成长环境、人生社会经历及理想价值追求的青年群体，冗杂的信息极易影响大学生"三观"的树立及人生目标的确立，所以如何高效率地做好学生工作，"智"字就显得尤为重要！

对于刚走上辅导员工作岗位的我来说，这是一次全新的挑战与考验。下面就如何高效解决各种学生问题进而做好学生工作，浅谈我所理解工作中所需要的三种"智"：才智、理智、机智。

01 才智

才识是基石，撑起生命的高塔，独上高塔览尽无限江山之美；智慧是星火，点燃希望的橘灯，在黑暗中前行，照亮前方人生之路。

才识与智慧是作为一名新辅导员必不可少的基本素质。

辅导员的人格魅力在于对学生思想政治教育和管理中起到的引导作用、示范作用和激励作用，辅导员自身才智水平的高低对今后工作成败起着关键性作用。

因此，作为辅导员新人的我，首先需要坚持深入学习马列主义、毛泽东思想、邓小平理论、"三个代表"重要思想和科学发展观，并深入学习贯彻习近平总书记系列重要讲话精神，用科学的理论武装头脑，力争学深悟透。

其次，要充实和完善自身的知识结构。我是化学专业硕士研究生，教育学、心理学、管理学、哲学等学科方面的知识较为薄弱。但我深知掌握的知识越多，分析问题和解决问题的思路与方法就越多越开阔，辨析的道理也就越合理深刻，这样面对学生之间的各种问题才可以更有效地解决处理，达到时效性与实效性的共同最大化。

我想只有不断学习，积累丰富的知识与经验，才能最大限度地发挥自己的才智，用自己的实际行动感召学生，用人格魅力感染学生，真正成为学生成长成才的人生导师和健康生活的知心朋友。

02 理智

厚积，才能薄发、理智，才会闪光。

辅导员工作具有复杂性、突发性、经常性、时效性等特点，面对学生中的各种问题，如何做到理智处理呢？

第一，沉着应对，理智判断。

第二，人往往在激动的时候，很难理智地思考分析问题，我曾有过两年班主任工作经验，面对学生之间发生的问题，大都先让学生冷静下来，让学生的怒气再而衰，三而竭，然后进行处理教育，效果很好。

第三，把握原则，理智鉴别。

解决学生中的问题，总会有些是非判断，这就需要我们辅导员牢牢把握住学生守则中的各项规定及学校的相关规章制度，遇事依据依规处理。

第四，感性化解，理智处理。

辅导员工作是个良心活，只有与学生接触越多了解越多，才能在面对学生的各种问题时做到胸中有数，处理问题时有理有据、晓之以理、动之以情，学生才会听之、信之。

03 机智

德国教育家赫尔巴特在一次关于教育的讲演中讲到："关于你究竟是一名优秀的教育者还是拙劣的教育者的这个问题非常简单：你是否发展了一种机智感呢？"他将机智的概念引入学生教育，并断定机智在教育中占据着非常重要的位置。

辅导员是开展大学生思想政治教育的骨干力量，要想做好学生思想政治教育工作，使辅导工作真正走向深入，实现走近学生、亲近学生的目的，就要有随机应变、妥善机智处理问题的能力。

面对学生的各种问题选择机智教育，不仅是一种关爱态度，也是一种知识、一种临场应变能力的体现。

学生中的问题有很多，如退学、打架、逃课、成绩差、情感冲突、沉迷游戏、被网络诈骗等，针对这些问题做学生思想工作时，要根据学生的自身特点机智地选择恰当的语言、眼神和动作与学生进行交谈，才能逐渐走进学生的内心，让学生真正敞开心扉进而知根解源。

在每一次辅导教育中，我们不断积累经验，不断反思，逐渐培养起学生教育过程中的机智，为今后高效地解决各种学生问题打下基础。

草船借箭中孔明对鲁肃说"为将而不通天文，不识地利，不知奇门，不晓阴阳，不看阵图，不明兵势，是庸才也。"

我想作为辅导员没有知识，不具才能，不知思考，不去判断，不能机智，不会应变，便不能成为一名合格的辅导员。

做好学生工作，高效地解决学生问题，就要充分利用才智、理智、机智进行分析归纳总结，才能不断地提高自身处理学生问题的能力，才能成为一名优秀的高校辅导员！

字说辅导员之"心"

沈秀琴

"心"古字形像人或鸟兽的心脏，本意即心脏。古人认为心是思维的器官，因此把思想、感情都说作"心"。又由思维器官引申为心思、思想、意念、感情、性情等，还引申为思虑、谋划。

心脏在人体的中央位置，故"心"又有中央、中心、中间部位等义。

所以"心"有三种基本解释：

1. 人和高等动物体内主管血液循环的器官（通称"心脏"）。

2. 中央、枢纽、主要的。

3. 习惯上指思想的器官和思想情况、感情等。

回顾2019年，这一年，注定是将被载入史册的一年。这一年，是21世纪第二个10年的最后一年，是我国正处于"两个一百年"奋斗目标的历史交汇时期，我们感慨万千，任重而道远；这一年，中华人民共和国成立七十周年，伟大祖国取得了举世瞩目的成就，阅兵式震撼人心。

习近平总书记说："中国的昨天已经写在人类的史册上，中国的今天正在亿万人民手中创造，中国的明天必将更加美好。"

2020年，新的一年，作为一名辅导员，让我们"不忘初心，为生而行"。

"心"字虽然笔画简单，但人心却是最复杂的。辅导员工作其实就是让一个个懵懂的心变得更清澈，变得更坚定，变得更高尚。

01 初心

在教育部43号令《普通高等学校辅导员队伍建设规定》中提到辅导员应当努力成为学生成长成才的人生导师和健康生活的知心朋友。

我认为，辅导员的初心就是将每一位家长交到我们手中的孩子经过4年或5年的培养，成为有健康人格、正确三观、有一定专业知识的对社会有贡献的毕业生。

要想做到这个目标，辅导员更要及时学习，了解国家对人才的需求，采取正确高效的工作方式，培养学生的学习兴趣，将每位学生当成我们的亲人去对待，鼓励大家成为"德、智、体、美、劳"全面发展的优秀学子。

或许多年以后某位学生会说"大学4年，我最幸运的是遇到了一个好的辅导员，某某某"，那就足矣。

心有多大，舞台就有多大。

02 雄心

辅导员是开展大学生思政教育的骨干力量，是高等学校学生日常思想政治教育和管理工作的组织者、实施者、指导者。

做辅导员之前，我对辅导员的认识是感性的、片面的。刚入职的我信心满怀，初生牛犊不怕虎，用自己的热情对待每一件事情，但干了这份工作后才发现现实和梦想是有差距的，梦想成为学生成长成才的人生导师和健康生活的知心朋友，现实却每天总是陷于很多事务性工作。

俗话说得好，打铁还需自身硬。要教育学生树立远大理想，辅导员首先应该有一个明确的目标，唯有心怀梦想，才有一飞冲天的壮举；唯有志在蓝天，才有盘旋翱翔的雄姿，梦想要有，万一实现了呢？

对于每个辅导员来说，要有"别人可以做好，为啥我就不可以"的追赶精神，在基础工作中做到不落后于别人，即使不能做到第一，也要做到唯一。

03 信心

爱默生曾说过"自信是成功的第一秘诀"。

2019年3月18日，习近平总书记在北京主持召开学校思想政治理论课教师座谈会，这是新中国成立以来党中央召开的第一次专门针对一门课程的教师座谈会。习近平总书记的讲话振奋人心，给了思政教师高度的评价和殷切的期望，体现了党中央对思想政治教育工作的高度重视。对于我们从事学生思想政治教育工作的辅导员来说，这也是一次激励，值得我们深入思考。

要不断增强中国特色社会主义道路自信、理论自信、制度自信、文化自信，才能正确引导学生增强"四个自信"，厚植爱国主义情怀，把爱国情、强国志、报国行自觉融入坚持和发展中国特色社会主义事业、建设社会主义现代化强国、实现中华民族伟大复兴的奋斗之中。

2019年全国很多高校在招聘辅导员，不断完善的辅导员队伍建设和管理制度，有的已经要求辅导员必须是博士研究生，进一步体现了党中央和国家对辅导员工作的重视，同时也保证了辅导员工作有条件、干事有平台、待遇有保障、发展有空间，让所有在学校第一线工作的学生工作者信心满满。

04 平常心

现在，辅导员大多是刚毕业的硕士研究生，年轻气盛，想在工作中做出成绩，尽快得到领导和同事的认可，而现实是工作中缺乏思考，且每天满满的焦虑。

花开需要一个冬季的酝酿，果实需要一个夏季的成长，所以，做学生工作不能做瓢瓠，而要做秤砣，沉下心扎扎实实地积累，付诸行动，不急功近利。

罗振宇在2019年"时间的朋友"跨年演讲中的一句"着什么急，焦什么虑，干就是了"，很适合现在的我们，关心脚下的土地，同时不忘仰望远方的灯塔。

辅导员要有一颗为学生服务的红心，有持久的热心，有坚毅的恒心。

铁打的营盘，流水的兵，发展中的学校，迎来一届又一届的学生，在别人眼里看来辅导员只是一份工作，但我们要把辅导员当成今后的事业，在辅导员职业化、专业化、专家化的道路上潜心努力，使自己1~3年成为初级辅导员，4~8年成为中级辅导员，8年以上成为高级辅导员。

"不忘初心，立德树人"。

为了学生的一切，一切为了学生。新的一年，让我们继续在追梦的路上用心前行，让我们只争朝夕，不负韶华，实现自己的小目标。

字说辅导员之"新"

隋昕

新，指初次出现的，新的、初始的事物。大家好，我是新时代"新人"，一个新的辅导员。

01

新疆，

"新"疆，

在我眼里、心里，

是容纳我梦想的一片"新"的疆域。

只有亲身来到这片广袤而神奇的土地，你才知道这片土地的神奇与魅力。

新疆，四时皆美。

春时，花海无边，绿草如茵，

盛夏，艳色浓妆，湖光潋滟，

深秋，天高云淡，层林尽染，

隆冬，银装素裹，唯美梦幻。

02

新城市——新身份。

秉承着"祖国处处是家乡"的箴言，

2019年4月22日，人生中第一次来到新疆石河子，

来到这个无数次在教科书、电影和电视中看到却素未谋面的城市。

下飞机、安顿好后，参加学校、学院的笔试、面试直到被录取。

两个月后，我拖着行李箱离开了读研究生的学校，卸下了学生身份。

7月8日来到了戈壁绿洲学府——石河子大学，

我开始了我的新身份：老师，辅导员。

刚毕业的我，一时身份没转换过来，时常误以为自己还是学生。

见到前辈、领导，还是习惯性说，老师好。

我常在心里告诉自己，辅导员的责任是重大的，其任务是光荣而艰巨的。

我要尽快转变和适应身份。

时刻在心里告诉自己，

要用一颗真正关爱学生的心，

把自我融入学生中，

多理解他们，多了解他们，多关心他们，多指导他们。

全力做到使学生信服、支持、理解。

期望能和学生成为朋友，以诚相待。

要和学生产生思想上的共鸣与碰撞，

开展多方面的交流，永远把学生放在心上。

说出漂亮话，但事情进展未必如期。

我是一名生于1993年的辅导员。

和我的学生相差5岁左右，相差一个我的大学时代。

"90后"辅导员碰上"95后"学生，

我自信我长着一张娃娃脸，看上去和大一新生没区别；

自信我接受新鲜事物的能力强，和学生相处起来没有代沟；

自信可以和学生一起度过人生最重要的青春时光。

我幻想着与学生共同成长的一幕幕，清晰、有趣、年轻。

但我忘记了，我还仅仅只是个"新人"。

03

亲其师，才会信其教；信其师，才会爱其教。

作为"新"人，

"照本宣科"，照理论实施，却忽略了不同学生间的差异。

这种差异来源于原生家庭、遗传、环境，等等。

所以我想获得学生们的支持、理解、信服，做到以诚相待，

做他们最信任的人，

我有很长的路要走。

在我刚刚参加工作的3个月里，我渴望被信任。

希望这种小小的信任，犹如玫瑰花上一滴洁净的露珠，一滴不会被抖落的露珠。

无数次，我沉浸在"犯错"的自责里。

在回宿舍的路上，抬头看着月亮，止住泪水奔流。

我问自己：你有做辅导员的天分吗？

日常繁杂的业务工作，你可以理顺吗？

你可以面面俱到、事无巨细吗？

你可以做到一心扑在学生上，无私奉献吗？

心里小声地回答，我可以。

之所以声音很小，甚至是默答，是没有底气。

是那种觉得自己可以，但却做得不尽心意的怯懦。

大概是日有所思，夜有所梦。

某天，在夜里惊醒，我清醒地告诉我自己。

论天分，我是学工队伍当中，平凡得不能再平凡的一位辅导员。

但在心里默默给自己加油：

在人生的赛场上，

在辅导员这个职业的赛场上，

想不甘人后，

我只有努力地去试每一个选项，

在每一个选项上都能及格，

在及格之上再努力，也就能再站上一级台阶。

一项一项，才能给自己拿到一个高一点的平均分，

最后，做一个过了及格线，甚至高于平均分的新辅导员。

信"新"——新时代。

我刚读大学的时候，

我的辅导员和我情况相同，

也是刚刚踏出校门的小姑娘。

我看着她每日的工作状态，

幻想着，自己有一天也可以成为一名辅导员。

后来，

石河子大学医学院给了我圆梦的机会，

自此，我被赋予了新使命。

在脑海中一直有一个疑问，挥之不去。

我为什么要做辅导员？

是受传统观念影响，

在大学里工作，"光鲜亮丽"？

一直和 18～22 岁年龄段的学生打交道，

可"永葆青春"、永远拥有一颗年轻的心脏？

答案是否定的，若是肯定，就太过肤浅了。

人们常说，

教师是人类灵魂的工程师，

是人类文明的传承者，

承载着传播知识、传播思想、传播真理，

塑造灵魂、塑造生命、塑造新人的时代重任，

肩负起民族复兴的时代重任。

身为辅导员，

更必须有坚定的理想信念，

且要不断追寻新的理想，不断提升自我，全方位育人，

为每一位学生进行思想教育引领，

激发动力、激活潜能、激起斗志、激扬士气、激励成长。

我的学生大多于 1995—2002 年出生，

这一代青年既是新时代的见证人，

也是新时代的受益人，

更是新时代继续建设的责任人。

是命运与缘分的安排，由我与之共度人生最青春、最美的这段时光——大学5年，愿我做个合格的农匠。

深知教育不是工业，是农业，花儿不一定开在春天里。

我的工作就是细心培土、施肥、浇水、除虫、通风、光照等。

不能急躁，需要静以养心、精耕细作、静待花开。

读懂学生，我需要精耕细作去发现。

在学生身上一定会看见辅导员的影子，

那我一定希望展示给学生的是最优秀的一面。

我做事常常是三思后行，这是"自夸"，

而另一方面却是瞻前顾后、犹犹豫豫，反应迟钝、慢半拍。

做了深刻总结，源于信心不足。

每天面对不同、鲜活、流动的生命个体，

每一个生命个体都有不同的心灵世界。

要给每一位学生提供最合适的思想教育方式，

这使得工作面临巨大的挑战。

有信心、有勇气、迎难而上，

矢志不渝，无数次默念。

要自信、要坚信，登信念之峰，努力提升自我与塑造自身。

不断地攀登定会登上自己生命的高峰。

待到和学生融为一体，辅导员的日常思想教育可以像盐一样，融到学生的生活中。

辅导员的话，学生听得进，听了信。

那时一定可以深呼吸，无限释放。

真正体会"会当凌绝顶，一览众山小"的豪迈，

感受"欲穷千里目，更上一层楼"的激情。

相信自己这个新人，会慢慢找到信心，

无问西东，只寻初心。

问渠那得清如许，为有源头活水来。

今天不生活在未来，明天将生活在过去。

新人辅导员要承认自己的"新"，

更要用自己全新的状态来感染学生，

而不是以此来禁锢自己。

紧跟时代，孜孜以求，

勇于开拓创新，

与时俱进，

定会在未来遇见全新、更新后的自己。

05

我们是新时代的辅导员，

肩负使命，扛起这份责任感，

砥砺前行，努力提升自身的综合素养，

促进每一名学生"精神生命"的健康成长，

在育人的奋斗奉献中凸显学生工作者的追求，

实现生命的更高价值。

我们全体辅导员忙碌着、收获着，

与学生共同面对喜怒哀乐，忧愁甜蜜，

同步、同样、同心、同情，

尽职尽责，站好自己的岗。

常在内心问，什么是教育？

我想，

是一棵树摇动一棵树，

一朵云推动一朵云，

一个灵魂唤醒另一个灵魂。

那什么又是育人树桃李芬芳呢？

我最平凡的梦想，

就是努力成为学生成长成才的人生导师和健康生活的知心朋友，

与学生亦师亦友，

每时每刻被信任。

我这个新时代"新人"辅导员在努力褪去自己身上的"新"。

字说辅导员之"格"

肖盛中

格，从木，本义为树木的长枝条。枝下有根，枝上叶，有叶衬花，立德树人。

在我们的识字过程中，"格"字有着举足轻重的位置。

幼年时床边的格林童话，亲切又温暖；儿时练字时的田字格，无声中夹杂的严厉；青春期时叛逆的自己，那自以为是的"逼格"，懵懂中探索着世界；再到三观渐成时，旁人嘴里那一句句抽象的"格局""格调"；当然，还少不了贯穿我们一世的"品格"。

我想，我们每个人大概从呱呱坠地的那一刻起，就与"格"字结下了缘，它若即若离地在我的25载年岁中，循环往复让我思考，陌生又熟悉。

因此思虑再三，我还是决定在辅导员说字中，和"格"好好地聊聊。

01 格例·枝

格例，指规则条例，一个客观的、严肃的辞藻。

宋陈亮《与王季海丞相书》："今一任回改官，於格例极易拈掇。丞相若拔擢而用之，必将有为报效者。"《元典章·吏部二·选格》："至元十九年十月，中书省来呈，定到江淮官员格例，乞照验事都省，逐一定夺。"而一个辅导员的格例，更像是他的底线，在温暖地服务学生的过程中，坚持自己的原则。

在刚接学生时，我应届毕业，初出茅庐，带着一腔热血，奋力挣脱着学生时代的茧。在那时，虽然一入职就有前辈叮嘱，面对学生一定要把握好距离，但是当面对一群年纪差距不过6岁，稚气未退的学生，我对他们的态度还是偏颇得更像一个溺爱弟弟妹妹的大哥哥。

对待学生的态度，更多的是一种有失格例的宠爱，偏颇地理解了"辅导"的定义。久而久之，学生也会过于自我，缺少集体感，管理起来也会变得棘手。同时为学生便利打破自己的规则，长此以往也会形成"破窗"效应，被学生挑战底线，使得学生日常管理出现漏洞，降低辅导员在学生心中的严肃性。

对大部分大学生来说，大学阶段是他们价值观养成的黄金时期，大学生活的每一天，思想和三观都在一点点地成熟和完善，没有格例地对待学生，也会使学生养成依赖、缺少思想独立的能力养成，不利于学生健康良好价值观的建立。

细想，学校就是漂泊他乡的学子远方的家，作为辅导员，虽然只是这个家庭中的小家长，但一定是和他们最亲的那一个。

一个家的教育少不了家长的关爱和鼓励，更少不了严厉和教诲。因此，在日常辅之于情，一定要坚守自己的格例，与学生保持距离；导之以理。

辅导员的工作归根结底是做"人"的工作，事事要多方面考虑评估，在感性的工作中保持头脑的理性。在坚守格例的基础上服务学生，服务学生的基础上做好引导，才是对学生最好的帮助和引导，才是一个辅导员最好的"辅"。

02 格局·叶

辅导员工作，是一份辅导学生，育人的工作，一份做人的工作。

畅销书作家陆琪曾说：做人智商不高没关系，情商不高也问题不大，但做人的格局一定要大。

伴随当下流量时代的浪潮，各种各样的信息咨询，充斥在我们的周围。碎片化的学习方式的推行，一部手机，足不出户便可知晓天下事。因此面对信息膨胀的流量时代和知识见识乘着流量快船飞速成长的学生，如何更好地管理学生，让学生信服？

辅导员的格局和眼界，成为引导学生的引子。18～22岁的学生，生活上还没有独立，思想上却极度渴望独立。同时从五湖四海而来的他们，不同的生活环境、不同的生活背景、三观的养成也大有差异。面对这些问题，身为辅导员的我们首先心胸要宽广，具有包容心，尤其是面对初来乍到的大一学生和身经百战的毕业生。要能够耐心地处理低年级学生的一些基本问题，加以细心指导；能够冷静应对毕业生的一些棘手问题，不乱阵脚。秉持育人初心，孜孜以求。

过去学习是一个有期限的任务，带着被动和无奈；如今学习是一个无期限的过程，带着渴望和快乐。学习可改变思维，提升品质，更能扩大格局。

格局也是一种眼界和智慧的积累。每个人的兴趣不同，知识的侧重点也有所不同。辅导员队伍的逐渐年轻化，和学生的年龄差距较少。自身缺少社会经验，虽然年长学生几岁，但是人生轨迹的不同，不见得阅历辅导员会多于学生。

因此，身为辅导员一定要不忘读书和学习。无论是经典名著的陶冶，还是时下各类快销书籍的实用性，都是辅导员所必需的。

一方面在读书中沉淀自己的内心，在快节奏的生活中独善其身，调整心情，从而整理思绪，用于思考日常工作和学生管理。

另一方面读书也是辅导员铸造本领之剑的基础，将学习作为自我净化、完善、自我革新、自我提高的必要手段，增强自身安全感的同时提升自我胆识，从而利于帮助学生抓住机会、服务学生，同时有效地提高内在修养，开阔眼界，站得更高，看得更远，更能让学生信服。

03 格调·花

文章有韵律格调，房间有装潢格调。我们总是主观地在诸多客观的事物上加上形容词标签，那我们自身呢？

在别人眼里的自己，我们的格调、我们的标签，是否也是风景？记得在复习辅导员考试时，资料上"人生导师，知心朋友"这八个字，对我的触动是最深的。

我时常会思考这八个字，回溯我的学生时代所有给我留下深刻印象的老师。发现我能记住的往往是某个老师身上的某种格调特质，和这种格调特质对我的触动和影响。陶行知曾说过"教育是依据生活、为了生活的'生活教育'，培养有行动能力、思考能力和创造力的人"。

作为辅导员，和学生打交道最多的就是学生的生活。

每一次与学生谈心谈话，奥妙音节，告解迷津；每一次和学生活动，谈笑风生，谈聊心声。

就是这些普普通通的瞬间，辅导员的格调特质，刺激着学生敏感又纠结的内心，然后入脑入心的电流火花总是不经意间导向了大脑皮层。

我们的格调特质，无时无刻不在影响学生，就像暗涌的齿轮，推动着不停追逐的秒针。

一个热情乐观的格调，能激励学生不忘赤子之心，不言败，善于发现生活中隐藏的彩蛋，善于在逆境中开拓潜力应对。

一个干练践行的格调，能告诉学生行动比语言更响亮，一等二靠三落空，一想二干三成功。一个冷静睿智的格调，能让学生在旁观中理解"学而不思则罔"，品尝"我思故我在"的耐人寻味。一个有吸引力的格调，能在无形中拉近与学生之间的距离，成为学生愿意交心的人。一个有教养性的格调，能让学生从他身上看到一个引导他们攀登道德高峰的引路人。因此，一个或多个让人感到舒适的格调，能让对学生的教育更好地入脑入心，更好地成为学生的人生导师、知心朋友，让育人工作开出美丽的花朵。

04 品格·根

辅导员作为学生思想政治教育的工作者，坚守着"立德树人"的根本使命，承载着"培养什么人，怎样培养人，为谁培养人"的根本任务，更是学生日常思想政治教育和管理工作的组织者、实施者和指导者。

优秀的品格就是辅导员的根。

辅导员工作相对烦琐，甚至有时会因为学生的错误而无辜"背锅"。在这个学期的辅导员工作中，虽然时常会为这种"背锅"感到委屈，但在这些"锅"中也能侧面反映出自身工作的不扎实，更需要辅导员敢于直面、敢于担当。

即使肩膀不够宽厚，但内心一定要有厚度，敢于担当，用心铸造技能之剑，紧扣辅导员的九项工作职责，见贤思齐，取长补短。

这份工作在平凡中蕴含着伟大，繁忙中透露着温度。

在学生管理方面，更要知行合一，言出必行，信守每一个约定承诺，勤于抓落实。培养学生的执行力，敢于担当和敢说敢做的血性。尤其是作为医学生的辅导员，实践技能更是培养的必备素质。另外，实践技能的提升也能增强学生的专业自信和专业认同，简洁提高就业竞争优势，认真做好就业率的提升工作。

格，从木，本义为树木的长枝条。

对于大学生来说，大学期间是良好品德素质的养成，健康三观树立的重要时期。

感谢能和我的学生相遇，用心修剪，用心辅导，立德树人，我在努力。

字说辅导员之"专"

苑艺蕾

最近一直关注疫情的消息，看着每天确诊病例增长的数据，看着医疗团队的敬业精神，看着学工同人的共同奋斗，忽然发现，我们正站在洪流中，在浪奔浪流中东奔西顾，却也守着自己的岗位，担着肩上的责任。

辅导员是多方面的，今日的角度是：专。

专（zhuān），从叀（zhuān）从寸。甲骨文字形，右边为叀；左边是手（寸），合起来为用手纺织。后成上下结构，上叀下寸，意为掌握纺织操作能力。会意兼形声，双手举着转动的陶器，为专。

造字本义：制作陶器。后来本义消失，用车与专再造"转"代替本义。但也有人认为，"专"应该是手转纱轮纺纱，而非陶器，意指离散的纤维被集中于一束。唯有此，才能引申出专注、专一的含义。

今天要说的是我所理解的辅导员工作中，不可缺少的三个专：专注、专一、专业。

01 专注：始于心，行于意

专注，顾名思义，专心注意。

专注的力量很大，它能把一个人的潜力发挥到极致，所有的精力集中到一点。在中国传统文化中，专注的精神也是一直提倡和推崇的。早在2000多年前，荀子在《劝学》中就讲到："故不积跬步，无以至千里；不积小流，无以致江海。骐骥一跃，不能十步；驽马十驾，功在不舍。锲而舍之，朽木不折；锲而不舍，金石可镂。"

在辅导员的工作中，因为热爱，所以专注，都要有足够的责任心，倾注足够的专注在这份工作上。

无论是日常的细碎学生工作，还是突发事件的处理、网络思想政治教育的践行，都要有专注的一面。

专注于自我的提升，专注于学生的成长，专注于职业发展。尽管有干扰、有打断、有不同的声音，但更需要这份专注。虽然我依然无法改变现状，但是最起码，要专注于手前的工作、专注于眼前的道路、专注于身前的希望。

02 专一：择一事，终一生

专一有时候用在爱情中，有时候用在生活里，我却想说，专一也可以用来形容我的工作。

我曾在暑期社会实践时去过四十七团，寻访沙海老兵，真正见识到了一生只做一件事的无怨无悔。虽然无路可去时的坚持是悲壮的，而在可选择的当下依然继续坚持确实可敬可叹。

我有时喜欢做选择，当我有机会选择的时候，我竟真的当了辅导员。

可能是勇气、傻气和执着吧，我选择了辅导员这个工作。

在工作的过程中，其实有点儿吃力，脱离了所学知识的范畴，没有了得心应手的标准操作规程，我有点儿像没有指南针的水手，在大海中茫然四顾。还好抬头有太阳，心中有帆，沿着那个方向一路前进，竟也走过了春秋冬夏。

专一是一种很好的工作状态，一旦认定某个工作、某种职业，就要一心一意地对待，不轻言放弃。要加强对自身的清晰认识，要对周围的工作环境和工作条件有清醒的了解，要有机地结合自身和环境工作。

专一即目标明确；专一即心无旁骛；专一即有的放矢；专一即勇往直前。我选择了眼前的这份专一，还找到心中的帆。

03 专业：学无涯，思无邪

专一是一种品质，它热情、主动。而辅导员的工作中，只有一腔热情好像也不行，有老师说过，学生工作不是做瓢瓠，而是做秤砣。

辅导员的工作日趋专业化、专家化、职业化。身为辅导员队伍中的一员，为了不掉队，保持热情和激情，拥抱使命和责任，要不断地加强学习。管理一个学生，服务一个专业，热爱一份工作，每一步的积累都应该是积极的、磊落的，更要是专业的。要真正沉得下心，而不是浮在表面。

在不断学习和吸取经验的过程中，每个人都在不断地进步，从茫茫然不知所措到游刃有余。在这个漫长成长的过程中，很感谢领导和同事给予的帮助和耐心的指导，了解了很多事情的因果、逻辑，掌握了很多方法的要点、重点，发现了自己的问题、不足，同时有概括、有总结、有思考。

学海是无涯的，学是不可以已的。在越来越专业、职业、敬业的工作氛围中，不学习是会掉队的、是会被抛弃的，有些固有僵化的思想应该被摒弃，要真正学会学习、热爱学习、用心学习，学习思想政治理论、领会重要精神，使自己成为真正专业的辅导员，尽力陪伴自己的学生，帮助他们成为又红又专、德才兼备的社会主义建设者和接班人。

专注于心，专一于事，专业于学，看好每一本书，走好每一步路。

每个人都有自己的风格，我无意成为他人，却也不想不清爽、不清晰。要学习的地方很多，要改变的地方更多。

未来道阻且长，你看这工作它又长又弯，就像这人生，它可甜可咸。

字说辅导员之"健"

张娜

"健"字，在杜甫《兵车行》里提到的"纵有健妇把锄犁，禾生垄亩无东西"，意指健壮；在《易·乾卦》里说到的"天行健，君子以自强不息"，是指强有力；《战国策·秦策》里的"楚客来使者多健"，指的是擅长，有才能。

如今，"健"字能组成的词语太多了，健身、健壮、健谈、健美，还有健步如飞，等等。不说其他的，今天我只来道道我们辅导员工作中对于"健"字的理解。

01 制度健全是基础

建立完善的制度是工作的前提条件，也是做好学生工作的必要保障。

记得那是一个周四的晚上，当时凌晨1点左右已经躺下睡觉的辅导员老师接到学生干部的电话，说班上有学生未归，原因是胃痉挛疼痛难忍正在赶往医院的路上。原本还没太清醒的辅导员老师瞬间从床上弹跳起来，赶赴医院。接到电话后内心的焦急和不安是无法言语的，好在学生干部有陪同一起，主动跟辅导员老师联系说明了当时的情况。学生已经在输液治疗，病情有所控制。需要等到输完液做进一步查看，再确定是否需要手术。

在见到学生了解情况后，辅导员老师的心才算是放下了。学生干部第一时间将情况向辅导员老师反馈，及时陪生病同学到医院就诊。辅导员老师第一时间赶赴现场，及时与医生沟通交流，生病的学生最终也控制住病情，在医治的同时没有耽误考试。

学生工作，最令人担心的就是突发状况。突发状况不可怕，可怕的是没有应对策略，没有健全的处理机制。所以建立好完善的制度，利用好班干部、宿舍长等联动反馈机制能够有效地掌控、预防和处理学生出现的问题，这是我们辅导员应当掌握的一项基本工作技能。

02 提升自我当健将

"健"字，分解开来是一个"人"和一个"建"，"建"是由"走"字旁和"聿"组成，"聿"(yu)是象形字，一只手握着笔的样子喻为书，所以"健"字可以理解为人要读万卷书、行万里路，这是成为"健将"必不可少的要素。

对于辅导员来说，书就是辅导员手中的笔，只有多读书、读好书、好读书，才能握紧笔杆带领优秀的大学生们描绘出属于他们的未来蓝图。

辅导员要做好引导、教育工作，光靠说教是无法开展工作的，有时甚至会怀疑自己的苦口婆心有没有让学生走心，所以辅导员要有"书卷气"，而不是"书生气"，要不断提升自我，用理论学习武装大脑，丰富自己的文化素养，从而提升自我语言的魅力，才能将高校辅导员的职责与职能运用得炉火纯青，当一名优秀的辅导员"健将"。

03 健康人人不可少

第一是饮食健康。"抖音"中比较火的李子柒通过视频记录了田园生活，向世人们展现了中国传统的文化艺术和精致的美食生活，赢得了国内外许多"粉丝"的好评。不妨说，我也是其中一个，她所做的各种美食都是出自田间大自然，无公害、无污染，还健康、美味，甚至颇有艺术感，我想这就是追求美食佳肴的最高境界吧。

第二是身体健康。2020年的寒假，全中国的人民都在自己的家中防护、隔离，共同抵御这次因新型冠状病毒感染的肺炎疫情传播。走亲访友变成了视频问候，外出旅游也变成了卫生打扫、室内运动，各式各样的数字竞猜游戏也在群里活跃起来，这一系列变化都让14亿中国人民度过了一个别样的春节！我们在感叹这次疫情来势凶猛的同时也在思考，如何做才能够提高自己的健康指数？

有网友玩笑着说："一动不动就是防疫的最佳良药！"的确，不出门、不流动、不聚会、不添乱，在家就能做好防疫工作！但是在如此情况下我们也应该注重自我作息时间，开窗通风，在不打扰他人的情况下适当地进行一些有氧运动（如瑜伽、广场舞、健身操等）。

　　法国思想家伏尔泰曾说过："生命在于运动。"运动是健康的源泉，也是长寿的秘诀。身为一名辅导员，日常的身体锻炼是一项不可或缺的活动。利用自己的空余时间去打打排球、篮球，去操场上跑跑步、压压腿，从喜欢的运动当中调节自我、汲取能量！

　　第三是心理健康。"振兴民族的希望在于教育，振兴教育的希望在于教师"。辅导员作为国家思想教育方针的执行者，学生思想、能力的培养者，自身的心理健康直接或间接地影响着学生的心理行为。在任务重、责任大、难度高的工作环境下，要以健康积极的心态面对压力，合理安排工作时间，从繁杂的业务工作中脱离出来，从而保持自己的身心健康！

　　与此同时，辅导员也应当加强自身心理教育，提高心理素质，掌握心理教育知识，才能去帮助更多心理困难的学生走出困境！

字说辅导员之"勤"

朱伟娟

字义解释:

勤,本作堇,后来才加力为义符,这两种写法在金文中都可以见到。勤从力,有艰苦用力之意。古人将尽心尽力地做、努力而不懈怠称为勤,并流传下无数名言警句,告诉我们勤的道理:业精于勤荒于嬉,书山有路勤为径,克勤克俭,勤能补拙。

辅导员工作如同做学问,唯勤不破。

众所周知,费孝通先生是我国著名的社会学家,他创造的治学"四勤"法(脚勤、脑勤、嘴勤、手勤)至今仍为大家所津津乐道。

辅导员的职业化、专业化、专家化是高校发展的趋势,也是辅导员职业生涯发展的必由之路。

我认为,要想做好辅导员工作,不能单单把辅导员当作一份既定的工作,同时要把它视为一门学问,唯勤不破。不断增强"四勤"既是做好学生工作的要求,也是谋求个人发展的必然选择。

01 脚勤,多走近学生

脚下沾有多少泥土,心中就沉淀多少真情。

群众观点是马克思主义的基本观点,辅导员作为一线学生工作者,应坚持马克思的群众观,勤于走进学生宿舍、课堂、实验室、食堂等,只有与学生深度交谈、交心,方知学生所思、所想、所盼、所困。

入职以来我的最大感受就是除了在办公室处理学生事务外,辅导员要勤走出办公室,走近学生,感受学生的学习热情,了解学生的课余生活,看看学生的真实生活情境。

只有这样,才能把握学生"脉搏"。心中有底气,遇事情就不会慌,所以进宿舍、查课等活动我们每次都参与，QQ 运动位居榜单之首，可以见证我们"碎腿子"辅导员的日常。

02 脑勤，善于总结与思考

脑勤即多动脑，善于总结和凝练。

工作中我们会遇到各式各样的问题、形形色色的案例。

毫不夸张地讲，对没有学生工作经验的辅导员来说，哪怕学生之间闹个矛盾，都要花三天的时间去解决。

在这种情况下，辅导员要想实现"三化"(专业化、职业化和专家化)，必须从繁琐的事务中解脱出来。那怎么去解脱呢？

其一，我们要勤动脑去预判学生可能会出现的情况，把可能发生的矛盾处置在萌芽状态，这样工作就不会太被动。

其二，要勤动脑去反思、总结和提炼所做的工作，根据现在"90后""00后"学生的特点，探索属于自己的独家秘籍，凝练出规律性的工作方案，使工作条理清晰、思路清晰。唯有这样才能做到不陷于繁忙的事务性工作中，不忽略自身的专业化、职业化发展之路。

03 嘴勤，强化沟通与交流

有人说不会讲相声的老师不是好辅导员，练就好的嘴皮子是一个辅导员的基本功夫，因为做学生的思想工作，最主要的是沟通和交流；学生学业受挫，需要辅导员积极鼓励；学生生活中遇到困境，需要辅导员耐心开导；学生因失恋情绪低落时，需要辅导员爱的激励；学生遇到心理危机时，需要辅导员用心去疏导。

此外，现代大学生具有很强的独立性和自主性，做学生工作如何让学生在认识上认同、在情感上共鸣，有时取决于辅导员与学生能否有效地沟通。

有时不是工作不好做或做不通，而是沟通出了问题，由此增强沟通和交流，提高工作效率，需要辅导员多学习，勤于练就自己的语言表达能力。

04 手勤，提高工作效率与写作能力

"易弃之物，随手收拾；易忘之事，随笔记载"。

好记性不如烂笔头。辅导员工作比较烦琐，为防止遗忘，需要把工作随笔做个记录，其后对照工作清单进行逐项销号，这样对我们有条理地进行工作很有帮助。

随着时代的发展，网络思政已成为新的主阵地，作为辅导员，对学生的教育不再只是面对面苦口婆心地说教，而要勤动手、强笔力，提炼思想、表达观点，以线上线下相结合的方式给学生传递正能量。

记得入职后的第一次工作例会上，书记和主任就鼓励我们辅导员勤于动笔撰写工作案例，这是很好的初衷！但我总以写得没有深度为由为自己开脱。

千里之行始于足下，好的文章也不是一蹴而就的，相信只要勤练笔，常记录工作中的点滴收获和感想，勤动手写公众号文章，坚持久了定会有不少收获。

征途尚远，天道酬勤。

辅导员肩负着人才培养的重要使命，是开展大学生思想政治教育的骨干力量，只有坚持用治学的精神来开展辅导员工作，才能不断提升育人的质量。

天道酬勤，"勤"字虽然包含诸多痛苦和泪水，但我们要明白勤勤恳恳不是空对花，开始做可能不会立即出现成效，但坚持下去定会有所回报，至少我身边做到"勤"的同事，工作回报都很不错。

"幸福都是奋斗出来的"。不忘初心，牢记使命，让我们一起以奋斗的姿态，践行育人使命，实现价值。

字说辅导员之"变"

张彦红

春去秋来，生老病死，斗转星移，不知不觉中万事万物都在发生变化，而这个世界上唯一不变的就是变化。

每个人的外在样貌在变化，内在思想在变化，从小孩变成大人，从学生变成老师……

而随着这些变化的同时，是身份的转变，是心态的转变，是时代的变迁赋予我们力量，在万千世界中会有自己的一点光亮。

一个人因变化而美好，世界因改变而进步。作为一名辅导员，我能做的是顺应变化，在变化中自我净化、自我完善、自我革新、自我提高。

01 转变

初入职场，转变心态，适应环境

2020年7月之前，我是一名研究生；2020年7月之后，我是一名辅导员。

没毕业时，我心中有着"天高任鸟飞，海阔凭鱼跃"的宏伟抱负，有想过去北上广磨炼一番，成就自己的远大理想；有想过继续攻读博士，成为学术界的中流砥柱；但最后，我选择留在培养我6年的石河子大学（简称"石大"），一个陪伴我走过人生重要阶段的地方。

现在，这里是我人生的新起点、新征程，是我今后人生梦开始的地方。

从学生身份转变为一名辅导员，我很荣幸，也很开心，能够进入医学院辅导员的队伍，我认为自己在各方面得到了认可。

面对工作，我首先要做的就是转变自己的心态。既要以一个已经在石大6年"老人"的标准来要求自己，又要保持作为一个初入辅导员行业"新人"的热情。

"把学生扶起来，自己倒下去"，这是我还没有成为辅导员之前听到的一句调侃辅导员的话。

是的，尤其是我这种没有任何工作经验的职场"小白"，如果没有领导的悉心指导和同事的热情帮助，很有可能就会被复杂多样的工作压倒。很庆幸我身边有着这样一群人，一群有说、有笑、有帮助的人。

同时我也明白，初来乍到的我，距离成为一名优秀的辅导员，还有很长的路要走。

我要从自己熟悉的工作内容开始，确定努力的方向目标，恰当地评价自己，正视自己的短板，一切从心出发。多学、多看、多听、多写、多做、多付出，最终才能有所收获。

02 变通

面对工作，积极应对，学会变通

历史上有著名的"望梅止渴"的典故，因曹操的战士在前进过程中缺少水源，导致速度缓慢，恐贻误战机，曹操令手下传命说前方有梅子林，令将士们快马加鞭到那里摘取梅子解渴。将士们听说前面有梅子，顿时口喉生津，士气大振，行军速度大增，遇到敌军拼命厮杀，大获全胜。虽说后来将士们没吃到梅子，却顺利找到了水源。

勇敢者孤注一掷不撞南墙不回头，变通者灵活智慧借梯子轻松翻过。前者不懂变通，撞得头破血流，万般努力付诸东流；后者另辟蹊径顺水行舟。

曾经的我，就有着不撞南墙不回头的决心。因为这份决心，让我得到了些许收获，但回头看，总会想这件事情如果换一个方法做的话可能会更好，我那样做其实也能获得一样的结果，或许我可以做得更好一点。

现在的我，在成为一名辅导员后，逐渐体会到，在面对对象特殊、内容复杂、时间无界、价值无限的工作中，学会变通是辅导员工作中的重中之重。

平日里接触最多的是来自不同地区、不同原生家庭、性格迥异的学生，他们有着自己的想法、态度，而我作为系好他们人生第一颗"扣子"的辅导员，在引领他们健康快乐、成长成才的过程中发挥着至关重要的作用。

在立好规矩、讲清道理的同时，不能忽略每一位学生本身的特点。在工作中注入自己最真实的情感，让学生能够真切地感受到来自辅导员的温暖和关爱。

03 变迁

紧跟步伐，投入其中，展望未来

"辅导员"一词，最早出现在 1961 年。

随着改革开放的发展，在高校里的帮困工作、心理辅导、职业辅导等工作成为辅导员工作的一部分，使得辅导员发挥更大的作用，也变得更加鲜活。

进入 21 世纪，党和国家越发重视思想政治教育工作，对辅导员提出了更高的要求和殷切的希望。在 2019 年全国思想政治理论课教师座谈会上习近平总书记强调，要解决好培养什么人、怎样培养人、为谁培养人这个根本问题。

围绕这个根本问题，我想首先我需要做的是学习辅导员的历史知识，以及学习关于辅导员的新文件、新知识，保证自己了解基本理论知识，才能在日常工作中将其更好地体现出来。其次，不把工作当成任务，学会在工作中寻找乐趣，更为高效地解决问题、完成工作。最后，不断磨砺锻炼自己的能力，稳扎稳打地去做好每一件事。

俗话说，不想当将军的士兵不是好士兵。我作为一个初来乍到的小辅导员，更多的是想在不断学习的过程中，逐渐成为一名有信仰、有情怀的优秀辅导员。

我想今后在我的努力下，可以发挥自己的作用，在辅导员变迁的长河中留有自己的身影。

希望你我共同努力，一起建设美好的未来。

字说辅导员之"有"

韩马强

教育部43号令指出：辅导员是开展大学生思想政治教育的骨干力量，是高等学校学生日常思想政治教育和管理工作的组织者、实施者、指导者。辅导员应当努力成为学生成长成才的人生导师和健康生活的知心朋友。

作为新入职一年的辅导员，在工作经验不是很丰富的情况下，如何才能做好学生工作，成为学生的人生导师和知心朋友呢？综合自身工作经验与总结，谈谈辅导员应具备以下三"有"。

01 有信仰

习近平总书记在2019年3月18日的学校思想政治理论课教师座谈会上讲到"让有信仰的人讲信仰"，辅导员作为开展大学生思想政治理论课的骨干力量，要想从坚守信仰到坚守信心，从鼓舞学生到引领学生，有底气、有活力地做好学生工作，就一定要有信仰，做到讲信仰、践信仰。

什么是信仰？人为什么要有信仰？每个人的回答不尽相同。什么是辅导员的信仰，我的答案是：以立德树人为根本，做学生学习上的领路人和生活上的"知心人"。

这种信仰就是坚定马克思主义、毛泽东思想、邓小平理论、"三个代表"重要思想、习近平新时代中国特色社会主义思想。落实到学生工作中，信仰就是一件件、一桩桩为学生们处理遇到的事；是每天穿梭于各个教室查看学生们的出勤、晚自习情况；是每一次与学生促膝长谈，对学习的分析总结；是每一次对学生的谆谆教导；是每一次检查学生宿舍安全；是每一次主持的级会、班会；是认真做好每一次贫困生助学认定工作；是要坚定共产主义信念，忠诚于党的教育事业，为培养社会主义接班人而奉献自己的青春和力量；是带领大家紧跟党的步伐；是要督促学生们夯实专业基础；是融入学生们的学习、宿舍生活当中，组织大家参与课外活动，为学生们的日常生活保驾护航。

02 有知识

要给学生一杯水，辅导员就应该有一桶水。当前正处在电子信息高速发展时期，大学生是一个知识群体，他们思想敏锐，学习能力强，获取信息渠道多，接受新事物速度快，具有一定的科学文化知识。辅导员要有效地做好大学生思想政治教育，就必须有足够的科学文化知识做支撑。要做好"95后""00后"学生的工作，辅导员一定要及时给自己充电，包括学习思想政治理论知识、教育与心理知识、广泛的社会文化知识，最后付诸实践，只有做到有知识、有文化，才能做到胸中有数，才能更好地服务学生。

03 有责任

"好老师心中要有国家和民族，要明确意识到自己身上的国家使命和社会责任"，这是习近平总书记对于好老师的一贯要求。作为一名高校辅导员，要立足本职岗位，守好自己的责任田，做好信息传递的通畅；随时掌握学生情况；做好给学生普及防疫知识的宣传；关注学生的心理健康；做好舆情舆论引导，做到让学生不信谣、不传谣。

时间在指缝间穿梭，从事辅导员工作一年来，虽然工作很忙取得的成绩也并不突出，但是和学生们在一起的日子很幸福，得到学生的认可很有成就感。赠人玫瑰，手留余香。感谢在最美的时光遇到最美的学生，和一群志同道合的同事们，一起奔跑在实现梦想的道路上！

字说辅导员之"度"

阿依仙木古丽·吾甫尔

一名励志成为"有高度、有温度、有深度"辅导员的反思：

度（拼音：dù、duó），是汉语通用规范一级字，最早见于战国文字。本义为伸张两臂量的长短，引申指计量、揣测等意思。

在中国人看来，凡事必须有个度，做事要有度，做人也要有度。思想政治教育一线的辅导员想要开展好思想教育工作，同样需要有自己的"度"。今年，是我担任辅导员的第4个年头，我的学生群体从"90后"转变成"00后"，这也让我对学生工作有了新的认识。今天，结合自己的学习、工作和生活中的一些感悟，和大家分享一下辅导员工作中需要把握的几个"度"。

01 铸魂要有高度

曾经给新生做自我介绍时，开玩笑地说道：我是高校里的"全日制保姆"，手机24小时开机，工作时间"5+2""白＋黑"，精神长期处于高度紧张的状态；每天接听电话20次以上，处理短信、微信、QQ信息100条以上，每年整理学生档案2000多份，每年制作表格1000个以上，除此之外，组织系年级、班级和党支部的各项活动，偶尔需要应对各类检查。每天为学生的学业成绩、考研率和就业率操碎心，还时不时地被任课老师和学校相关部门"提名"。

作为基层学生工作者，刚工作的我们常常会认为辅导员从事的日常工作是琐碎的、无关紧要的，也是无关大局的，因而常常会低估自己的影响力以及肩负的育人责任和使命。然而，高校辅导员在大学生成长成才的过程中，发挥着至关重要的作用，辅导员是大学生思想政治教育工作的中坚力量，是大学生日常管理工作和思想政治教育的组织者、实施者、指导者。因此，不管外界怎么评价辅导员的作用和地位，辅导员自己首先要有正确的定位，认准认清铸魂工作的高度，懂得从国家发展和民族复兴的高度来教育引导学生。

思想政治辅导员每天处理着数不清、平凡而琐碎的事务，但我们是"立德树人"根本使命的坚守者，我们肩负着"培养什么人、怎样培养人、为谁培养人"的根本任务，所以必须锲而不舍、一以贯之地高举中国特色社会主义伟大旗帜，以习近平新时代中国特色社会主义思想为指导，不断增强作为学生工作者的思想自觉、政治自觉和行动自觉，做新思想的坚定信仰者、积极传播者、忠实践行者。

辅导员对责任与担当的认识，在思想政治教育工作中的"高度"，直接影响着客观地认识、分析和解决问题的能力。我刚工作时，有幸跟着有16年工作经验的辅导员——王老师学习。王老师每天早晨到办公室的第一件事情就是打开电脑浏览国内国际事务，了解国家出台的最新政策，学习党的最新文件。因此，在这个知识激增、知识爆炸的时代，快退休的她，面对"90后""95后"都能够得心应手地开展各项工作。因此，我个人认为，辅导员在平时工作中，认真学习党的相关理论知识，认真阅读和深入研究中央下发的相关文件，及时了解时事政治，不断提高自身的理论水平，着重提高看齐意识，更加深刻地感受平凡和琐碎的日常工作背后隐含的重要意义，才能保持对工作的热情，也才能保证工作的正确方向。

02 思考有深度

今年11月，我作为支部委员有幸前往井冈山湘赣苏区红色革命根据地参加党性教育专题培训，接受心灵的洗礼。不管是专题教学、体验式教育还是现场教育，无不深深地吸引着我。每听完一次课程，我极其认真地记课堂笔记，课后积极地讨论并发表心得体会，时时刻刻思考着如何将自己在这短短一个星期学到的内容与学生工作和党务工作相结合。

我完全被井冈山湘赣苏区精神吸引，不管是80多年前的苏区精神还是如今的苏区精神，都让我们深深感受并体验到"共和国摇篮"的魅力，感受到苏区精神的力量！在这里，不管是讲解员还是专题讲座的教授，对苏区精神和文物都有着很扎实的研究。在讲解、讲课的同时他们会深入思考，阅读大量的文史材料，采访历史参与者，最大限度地还原历史。他们的这种精神是从苏区革命时期传承至今的。伟大的毛主席也非常重视做调查研究，井冈山时期，他先后进行了宁冈、寻乌、兴国等 8 次较大的调查研究，并为后人留下了宝贵的工作报告。他在 1930 年 5 月撰写的《反对本本主义》一文和 1931 年 4 月起草的调查通知中，相继提出了"没有调查就没有发言权""不做正确的调查同样没有发言权"等著名论断。

这让我情不自禁联想到，辅导员如果想摆脱思政工作低层次应付的被动局面，想把"00 后"的思想政治教育工作做好、做精、做得有效，就需要在辅导员工作的"深度"上下功夫。辅导员工作的"深度"，我认为是：扎扎实实地深入学生工作中，认真钻研新时期学生思想政治工作业务，发现学生思想政治工作的新问题，深入分析学生工作出现的新情况，进而探索学生思想政治工作的新思路。

03 心灵有温度

2016 年，我跟着学院师生们一同前往三师图木舒克市的团场和连队，协助当地医院开展全面健康体检工作。在一个连队开展全面健康体检时，有一群幼儿园的小朋友整齐地排着队等待抽血，他们的老师时不时地关心着小朋友。有位老师给一个小男孩说："今天早晨你戴着手表进的教室，现在怎么没有了？是不是在来的路上弄丢了？"听到这位老师的话，我在心里默默地感慨：作为老师，如果学生戴的手表都关注到的话，那这位老师肯定是很出色、很优秀的教育者。

2020 年，去井冈山湘赣苏区学习的时候，几个小故事深深打动了我，也让我明白中国共产党长盛不衰的力量源泉，正因为我党"取得群众""关心群众，一心为民"，星星之火才能变成燎原之势，将积贫积弱、一穷二白的旧中国建设成为当今世界瞩目的政治经济强国。1933 年春天，兴国县长冈乡贫农马荣海的住房不慎失火，烧了一间半，当时的乡苏维埃政府主席谢昌宝带领乡苏干部和互济会发动群众捐钱、帮工、帮料，仅用了 3 天时间就帮他募捐了 6 串钱，并帮他把房子修复好了。这个故事，也被毛主席写进了《关心群众生活，注意工作方法》一文中。1934 年 1 月 27 日，在江西瑞金召开的第二次全国工农兵代表大会上，毛泽东作了关于中央委员会报告的结论的讲话，后来以《关心群众生活，注意工作方法》为题编入1951年版的《毛泽东选集》第一卷。这是一篇影响一代又一代共产党人的光辉文献。毛泽东在讲话中引用了赣南苏区人民的一句由衷感叹"共产党真正好，什么事情都替我们想到了"。

　　成为一名有温度的辅导员，首先要热爱这份工作，热爱自己的学生，时刻怀揣着学生。其次，对学生在生活中碰到的困难，耐心倾听、积极引导、给予帮助。熟悉了解学生、关心关怀学生，做一个有作为、有担当的新时代辅导员。处理好"严管"和"厚爱"间的关系，有威信的同时要有亲和力，真心诚意关心爱护学生，用师生之爱去呵护学生，努力成为"学生成长成才的人生导师和健康生活的知心朋友"。

字说辅导员之"悟"

罗华英

悟，是汉语词汇，汉语拼音为 wù，指的是理解、明白、觉醒，如醒悟、领悟、参悟、感悟、觉悟、大彻大悟等。"悟"是动词，通"寤"。如，悟，觉也。——《说文》

何为悟？

孔子云："吾日三省吾身。"悟贯穿生命成长的全过程，因为有悟，才能感悟生命的意义，体悟人生的价值，在悟中完美我们的人生。

我是一名普通的辅导员，却有一段不普通的经历和感悟，在庚子年末借调到学校机关部门工作一个月，历经了一段不一样的工作旅程，更感谢这段"助人自助"的经历带给我的成长和感悟。

01 初始·醒悟

在想象中初识，在初识中醒悟。

在初识机关部门之前，心中曾想象的机关部门应该是这样的：领导非常认真、严肃、严谨，机关工作人员格外谨慎、小心，工作不能出现丝毫失误，因为一旦出现失误，领导将会非常严厉地批评追责；机关工作应该是按时按点上下班。

然而认识机关部门之后却发现，事实并非如此。

现实中机关工作人员更多的是埋头苦干、以身作则，加班加点似乎已成为常态化；机关领导平易近人，千里之行，积于跬步，万里之船，成于罗盘，感谢领导细心地给予工作指导，只有真正认识机关部门才能明白，每个部门都有各自的职责，学校行政楼晚上 12 点很多办公室照样灯火通明，每个岗位上都有人在默默努力着，而我作为一名入职一年半的辅导员，又凭什么不去努力呢？

02 经历·领悟

在初识中经历，在经历中领悟。这一个月的工作经历可以用四个词来概括：完全不懂、似懂非懂、突然小懂、逐渐真懂。

犹记得第一天到机关办公室报到时，领导条理清晰地介绍了接下来一个月的工作安排，甚至每周需要做什么都告知得清清楚楚，而我则是一脸蒙、一头雾，甚至一身汗，处于完全不懂的状态。

直到收到纸质版工作安排表，看到每周工作量，我不禁感叹，机关工作难，任务艰巨，任重而道远，相比较而言，辅导员工作很幸福。感慨之后便开始摸索着做工作，在领导的耐心指导下逐渐领悟如何去做。

我借调学校机关最重要的一部分工作就是搜集资料做档案，从搜集材料到思考分类做档案目录再到装档案盒，慢慢理清思路，最后完成36个档案盒的封装工作。

03 发现·觉悟

在经历中发现，在发现中觉悟。在机关工作这段经历中我发现自身存在的一些问题。

一是学习能力不足。去机关报到第一天领导说得最多的一个词便是"学习"，只有不断学习才能进步。

二是公文写作能力不够。作为一名辅导员在此之前并没有发现公文写作的重要性，对自身写作要求不高，总是觉得大差不差就可以了，直到现在才发现，公文写作是作为辅导员必备的技能。

三是语言表达能力不佳。鲁迅先生曾这样说道："当我沉默的时候，我觉得很充实，当我开口说话，就感到了空虚。"我想我可能也处于这样一个状态，这提示着我需要锻炼自己的语言表达能力。

四是涉密意识不强。作为一名辅导员，在给学生发布任何消息时都要先自己看一遍，三思而后发，增强自身的涉密意识。

五是工作态度不佳。在机关部门工作时，曾有位老师找我帮忙校对稿子，要求一个字一个字地校对，大声朗读，连标点都需要读出来校对，这种严谨的态度使我产生敬佩，同时也指引我在今后工作中上报和下发各种文件材料都要以严谨的态度去认真推敲修改，务实各项工作。

04 成长·感悟

在发现中成长，在成长中感悟。仔细回想这段经历，用心感悟，确实收获满满，用四句话概括如下。

一是学习真的很重要。学习是人类认识自然和社会、不断完善和发展自我的必由之路，无论一个人、一个团体，还是一个民族、一个社会，只有不断学习，才能获得新知，增长才干，跟上时代。随着社会竞争力越来越大，终身学习不再是一句空谈，只有坚持不断地学习，才能更好地实现人生价值。

二是忙碌也是一种幸福。世界上的所有人，其实都在为两个字而忙，就是"幸福"。辅导员工作中充满了琐碎小事，但正是因为这些小事日积月累才能带给我们一个又一个感悟辅导员工作的里程碑，就像小溪不停奔流汇成大海，只有在忙碌中才能感悟找寻到。忙碌的过程是苦的、是累的，也许忙碌中的付出与收获并不成比例，但静下心来细细品味忙碌的背后，那种充实让自己感觉到光阴的意义，同时又带给自己一种满心的喜悦与幸福。

三是无论在哪里，请记得脚踏实地工作。李大钊同志曾说过："凡事都要脚踏实地去做，不驰于空想，不骛于虚声，而唯以求真的态度做踏实的工夫。"这段话语寓意深刻，它告诉我们做任何事情，只有沉下心来，脚踏实地去做，一步一个脚印，尽职尽责干好本职工作方能不忘初心，才能为社会贡献自己的力量。

四是只认真不够，还要用心。不管是借调到机关工作，还是从事辅导员工作，都需要我们秉承"用心工作"这四字法宝，使"用心"成为一种理念、一种态度、一种习惯，根植于内心深处，促使自己把心思和精力集中在用心做事上，把人生价值定位在用心干事上。

各位同仁，回想起当初踏上辅导员之路时的意气风发，我们现在是否还是当初那个热血少年？

自踏入辅导员工作岗位以来，或许每天都在忙碌中度过，也许开的会比吃的饭还多，有时疲惫到倒头就睡，却常常因学生电话从梦中惊醒，时刻保持在"5+2""白加黑"的工作状态，面对不解与委屈，我们曾哭过、笑过、迷茫过、感动过，然而更多的是守初心，担使命，收拾行装再出发。

面对琐碎而繁忙的工作，请记得在埋头苦干的同时时刻抬头看路。

我相信只要有激情，用心感悟，生活每天都会充满阳光。

字说辅导员之"得"

刘红勤

"辅导员掉水里了怎么办？学生经过，救不救？学生回复，辅导员是神一样的存在，怎么还需要救，万能的辅导员可以自救。"

——忽然想起的一位同行的调侃

辅导员工作的加班，忙碌，迷茫，繁杂，莫可名状的委屈，心力交瘁的操心，说起吐槽，一个比一个精彩。但这条路上一直都有人在，一直也有人在奔赴，这支年轻的队伍，经常还会让自己有力不从心的感觉，无数个深夜，回家的路上，我都在问自己："我为什么要做辅导员？"

可能就是一个字吧，得。

懂得、记得、赢得、取得、难得、获得、值得。

这是一份被看得见的工作，这是一个获得感随时能出现的职业。在这条24小时忙碌、72小时奔波、365天不断线的路上，在"你的辅导员是谁""导员导员，你在吗"的夺命连环问中，我们想得更多的可能是家人陪不了，亲人见不着，朋友约不到，爱人如异地的崩溃感、焦虑感、无力感，我们可能总会想，我失去的太多了，我的青春、我的发际线、我的时间、我的晚餐，我的好多好多。

试想，有哪一份工作真的钱多事少离家近？哪一份工作想做好不需要付出，不需要精力，不需要时间，不需要你的青春和头发呢？但又有哪一份工作，会让你觉得你如此被需要，你付出的一分真心，都可以换来十分感情呢？你付出的每一份忙碌，都可以换来学生的成长与安康呢？

放下焦虑、放下无力、放下崩溃、放下瞬时的感受。我们是否焦虑大过事务，暴躁大过问题、心态大过业务、无力大过能力、忙碌大过规划？

我们是否还是可以忙里偷闲？是否还是可以规划好生活和平衡好家庭？是否在把工作理顺之后还是有一份心安理得？是否还是有雷打不动的寒暑

两假？是否还是可以底气十足、火力全开地吐槽？是否在这种不断挑战与成长、不断平衡与规划、不断磨炼与坚持中，逐渐成为你想成为的自己呢？得，行有所得也。

懂得，是因为每一份辛苦都被看见、都被认同、都被理解、都被安慰，都是遇到学生工作者互相吐槽中的眼神和宽慰。

记得，是因为每一份付出都有留痕，每年总有毕业的学生发来祝福，感恩曾经你给予他的瞬间温暖，对他来说却是刹那永恒。

赢得，是因为每一份忙碌都在你成长的路上帮助你三头六臂，协助你人际沟通，促使你妙笔生花，推动你口若悬河，帮助你统筹协调，锻炼你心细如发。

取得，是因为每一项荣誉背后，学生的付出，你的汗水，彼此的成绩，一张张荣誉证书，一份份奖状带给你的安抚和激励。

难得，是因为每一颗真心背后，都带有绵绵的真情，固然可能有暂时不被理解的情况，但整天面对这个永远十八九岁年轻的、可爱的、鲜活的、生动的群体，是不是生命中另外一种感情弥补？你可能不会一直十八九岁，但是你一直和十八九岁的学生在一起。这让你感到年轻、鲜活和真实。

获得，我们是如此重要，如此被需要，虽说任何一份工作离了谁都能干，但属于你干的，这份获得感，谁也带不走。都说这是一份良心活儿，感情的流动中我们也在互相赋能、互相滋养。

值得。

综上所述，学生工作值得。

且吐槽且加油，且崩溃且努力，且忙碌且思考，且行且规划，按照节奏来，不着急，慢慢来。一切都会好的。

因为，这一切都值得。仅是自己的吐槽，如果不对，多多包涵，且共勉。

能再辩论和思考，莫不也是这篇文章的值得？且包涵。

与大家分享一本书《少有人走的路》："看看自己的身边，那些成熟的人总是招人羡慕。他们乐观而靠谱，工作效率高，意见中肯；他们总是能控制住自己，拒绝不良嗜好、垃圾食品和拖延症；他们情绪稳定，不急不躁，喜怒不形于色；他们懂得爱人，更懂自爱，为人通达，堪称周围人的良师益友。我们也明白，他们一定有过漫长的蜕变。当你去问时，他们只是眨着眼睛说，小朋友，你总会明白。"

字说辅导员之"好"

雷骥良

好，形容词，泛指一切美好的事物，或同意、应允。工作四年有余，从办公室最小的辅导员到现在最老的年轻辅导员，从稚嫩有余、成熟不够到熟练应对各种场合，除了头发越来越不够用，一切都在向好发展，工作中也经常好字打头。

01 "好，没问题"——一种积极的工作态度

网上调侃新时代的辅导员标准："上得了课堂，跑得了操场。批得了作业，写得了文章。开得好班会，访得了家长。劝得了情种，管得住上网。解得了忧伤，破得了迷惘。管得住多动，控得住轻狂。受得了奇葩，护得住低智商。查得了案件，打得过嚣张。"时刻保持状态在线，上班在岗，下班在线。随时随地，只要工作需要，一个电话："好，没问题，马上到。"进宿舍，进食堂，进班级也是工作常态，以便及时发现问题、解决问题。无论学生什么时候来找，都能及时回答；对每个学生都要有耐心，不会敷衍、区别对待（可能也会，只是还没察觉）。尤其是工作四年后，更能体会到辅导员要毫不犹豫冲锋在第一线，这既是对工作的要求，更是党员的担当了。

在"好，没问题"的背后，更需要为学生能力的提升提供空间，作为辅导员，我们不能事事顺着学生的意思，却得时时顺着学生的心思，为学生提供坚强后盾的同时，不过多地包办具体的事务，辅导员需要挑选合适的时机，该隐身时隐身，推进自律、自我服务、自我处理问题的成长空间。

如今，所带的学生也临近毕业，也想说一声，遇到问题了，随时接受吐槽，好，没问题，不管到哪里，我依然是你的辅导员，更何况一毕业，在师生的身份外，我们更是校友。

02 "我还好，没事"——一颗坚硬的心

坚硬的心并不意味着工作没人情味，日常工作中，总会遇到各种各样的问题，了解学生情况，少了会被指责工作不到位，多了会被学生烦，工作稍有不慎、不到位，涉及的都是众多学生的吐槽万千。"好，没问题"积极的工作态度背后要有一颗没那么容易破碎的心，这个时候就需要学会"我还好，没事"。

工作前，我给自己预想了很多方式方法去安排工作，迫切地想要让学生在大学生涯少留遗憾、多留回忆，但学生需要的是"我不要你觉得，我要我觉得"。每个人都有自己的特点，虽然学生都已成年，但是让他们自己照顾自己还是很难，每天都会出现各种问题等你来处理：学业问题、恋爱问题、身体问题、安全问题等，跟段子一样，需要与学生斗智斗勇。举个最简单的例子，忙活了一天终于躺下睡觉了，半夜2点电话铃突然响起，脑海中已经在思考是不是学生出啥事了，又该去急诊了，怎么联系家长等，结果只是学生想起来第二天下午需要请假，下午忘了拿假条，无奈的背后，还需要教会学生如何在合适的时间去咨询问题。

辅导员每天精神都高度紧张，无数次想过睡觉关机，但是一旦关机睡觉又不踏实，更何况学生工作的活本身就很琐碎，奖贷助补保、就业、日常管理、党团及班级建设、学风建设、思想政治教育等，更多的时候辅导员还需要承接各项临时安排的工作。

前段时间看到一个总结，比较适合在迷茫和无助的时候讲给自己听：面对挫折和困难，只需要在困难面前加上"区区"二字，管它有多难，先看不起它，学会给自己画饼，挫折和困难都会过去；另外不与他人计较，当遇到他人给自己添堵，学会放弃；更重要的还是要做个行动派，当遇到理论水平不够时，加强业务水平，做学习和实践马克思主义的典范；去学习心理学、教育学、管理学、就业指导规划等相关内容，学得更多，才能真的在困难面前加上"区区"二字。

03 "干得好"——一种被肯定的评价

工作之初，前辈告诫我：一个好的辅导员在很大程度上决定学生大学生活的喜怒哀乐，这句话直到实际工作中实践了才有体会。辅导员工作繁杂，只要与学生相关的一切工作，都会有辅导员的身影，我们时常会把自己比喻为保姆、一块砖。思政工作需要有理想、有信念、有担当、有责任的人来做。

所做的工作被需要，赋予"干得好"：从最常见的，在校园里遇到学生会听到"导员好""老师好"，到把辅导员当亲人、当家人，会有意想不到的一些生日祝福，从之前网络上都是辅导员怎么可以这样，到现在可以搜到"我想夸夸我的辅导员"，我想说，做辅导员被学生认可"干得好"，感觉是真的好。

所做工作被看见，赋予"干得好"：学院培养，领导认可，组建了一个温暖有爱、团结一致的"壹小家"，培育"德智体美劳"五好青年学生。尤其是新冠疫情3年，每次评价都会看到，辅导员是最坚强的战斗堡垒，关键时候能吃苦，能打硬仗，能打胜仗。

所做工作被认可，赋予"干得好"："全国高校辅导员年度人物"评选活动由教育部思想政治工作司指导，全国高校辅导员工作研究会、中国教育报、中国教育电视台共同主办，这是对学生工作的肯定、对辅导员工作的认可。

可能所有辅导员工作后都谈过工作感到很累，但是也很满足，因为辅导员的每分钟都在做有意义的事情，被需要、被看见、被认可，能克服工作中的重重困难，能抵御疲惫倦怠，能在别人青春的道路上绽放光彩。

字说辅导员之"修"

肖盛中

如果说人生是一场修行，岁月是一种磨炼，生命是一场遇见，那么辅导员这份工作就是集合了一次次美丽的遇见，一个个挑战和锻炼，又何尝不是一种爱与责任的修行：修炼出耐心宽容的性，修炼好风雨无阻的身，修一颗无愧自己的心，修一段平凡而不凡的行。

01 修炼出耐心宽容的性

从2019年至今，我已在辅导员的岗位上工作了3年。我时常和同事开玩笑地说，感谢学生督促我"戒骄戒躁"，学会耐心倾听、学会淡然处世、学会包容理解。从疫情防控开始，审批出入校门成了日常工作之一。在审批过程中，每逢遇到"午休时间看医生""下班时间办业务"等假条，总会情不自禁、怒火中烧地给这些同学贴上"诡计多端"的小标签。久而久之我也发现了自己的耐心呈抛物线的下降。在毕业生下实习点前，一个学生干部突然告诉我要晚几天下点，我甚至没有听完他的表达，就打断了他的想法。他很委屈，我也不知道自己在急躁什么，明明学生都已经计划好也不会耽误实习。短暂冷静，我还是调整了情绪，再次拨了过去，听完他的想法，说完了我的建议，他没有委屈，我也消退了急躁的愧疚。以上这种接电话时缺乏耐心的例子，在某段时间一直困扰着我，但庆幸的是我总能有回拨过去倾听的行动。

做人的工作本就是难事，更何况对方是朝气蓬勃、正处于叛逆期的新时代青年，而辅导员工作的内容就恰好包含了引导。淡然又耐心地倾听，理解学生的想法，方便我们了解当下学生在学习、生活、工作，甚至是感情方面的问题，及时给予帮助和支持，也能帮助我们收获同学们的信任和支持，让他们感受到这份在异乡的关心，拉近彼此的距离，方便之后工作的开展。

另外，有的学生个性比较突出，做事情主观性较强，或是内心过于敏感，如若缺乏耐心不仅会影响沟通，还会引起学生的抵触情绪，让师生沟通过程变得困难。因此，修炼出耐心宽容的性，多一分耐心帮助学生的热血，给同学们急躁的年纪增添一丝沉着，也给忙碌的自己添一抹冷静；修出宽容的性，帮助他们走最少的弯路，收获更好的成长，也告诉自己学生工作没有那么多过不去。

02 修炼好风雨无阻的身

说起辅导员工作，外人看你好像是每天一杯茶，只有干过才知道其中的忙碌。每日24小时不关机守候，午夜的急诊陪伴；下班后，学生宿舍巡查时的谈话；周末吊着一口气，打起精气神，参与学生活动。"白加黑""5+2"，紧张的节奏，充实的内容，"偷得浮生半日闲"的日子也越来越远。

因此做一个合格的辅导员，有个较好的身体素质，是核心竞争力。尽可能给自己的时间做一个规划，一定要注意劳逸结合，当感到状态不好时及时调整，不要一直耗在办公室磨洋工，"低产出，高耗能"打乱了作息节奏。如果没有运动天赋，不妨给自己办一张健身卡，强迫自己每周去2~3次，短暂地放空自己，投入运动发汗的过程，排解工作中的焦虑。

辅导员工作，每天都需要去面对一些突发的情况，工作一年的故事，比整个求学过程中的故事还要多。如何调节好自己的情绪，也是每个辅导员的必修课。

据世界卫生组织统计，有90%以上的疾病，都和情绪有关。人的喜怒哀乐，每个细微的情绪，都能真实地牵一发而动全身，影响着身体健康。

人的情绪是由大脑分泌的多巴胺控制的，作为激素，多巴胺也会影响身体其他很多激素的分泌。当生气时，大脑会命令身体分泌一种皮质激素，如果这种激素在体内积累过多，就会妨碍免疫细胞的运作，让身体抵抗力下降。中医说，生气时损伤人体正气，耗气伤阴，耗气伤津，耗气伤血，耗气伤阳，从而损伤人体的抵抗力和免疫力。此外，人在情绪冲动时，呼吸就会变得急促，甚至会出现过度换气的现象。这时肺泡就会不停扩张，没有时间收缩，所以很多人肺部会疼。当你生气时，胃部也会出现供血不足的情况，这就相当于高速公路上的汽车没油了，就是想跑也跑不动，进而胃肠便会"消极怠工"，吃进去的食物也消化不了，就容易造成积食。

综上所述，面对繁杂的工作调整好自己的时间安排和情绪管理，修炼好风雨无阻的身，才能有更好的精力投入学生工作。

03 修一颗无愧自己的心

刚入职时，我的前辈就不止一次告诉我辅导员是一个良心活。以前总觉得这句话是一种无形的要求和约束，但工作了3年后，我更认为这是一种自我的交代或责任。

岂能尽如人意，但求无愧于心。2021年9月1日，郎平在个人微博上正式宣布卸任中国女排主教练一职，她在微博上写道："从2013年第二次担任中国女排主教练到现在已经8年了，手里握着这个接力棒，使命感和责任感让我一刻不敢松劲儿。卸任的时候，我想说：我不能保证自己做对做好了所有的事，但是保证做好了每一天，竭尽全力，鞠躬尽瘁，无愧于心。"今年是我在这个岗位上的第4年，由于是按专业带班，在工作的4年中，我迎接了4批新生的到来，同样也送别了3批学生去远方。

在与这550多名学生打交道的过程中，虽然时常想换个工作重新开始，但这份责任感时刻提醒我铭记"一切为了学生，为了一切学生，为了学生一切"的宗旨，并一如既往地践行。与学生们的相处中，不论是否在业务范围内，都会用全力去尽可能解决问题，也许不能做到让每一位学生喜爱和理解，也难做到让每个同学都顺利毕业找到喜欢的工作。但回忆起相处的点滴，正因为自己在践行这份宗旨，所以自己在遭到误会或不理解时，它会是心底最坚实的后盾，会给你力量去面对挑战。所以身为辅导员，修一颗无愧自己的心，是为了更好地工作服务学生，其实也是在更好地服务抚慰自己的心。

04 修一段平凡而不凡的行

"辅"学生成长，你是雕塑师，耐心打磨，细心琢刻，为党育人；"导"

学生方向，你是点灯人，循循善诱，聚力发展，为国育才；"员"学生梦想，你是引路者，躬身笃行，善作善成，勿忘初心。

辅导员工作，平凡的是岗位，不凡的是接触的、陪伴的、成长的每个特别的灵魂。做好辅导员工作，修一段平凡而不凡的行，在平凡的生活中去享受这段不平凡的旅程。

字说辅导员之"暖"

刘红勤

有人说，朋友是我们自己选择的家人。恰好，辅导员小伙伴，是朋友，是同事，是亲人，是如此紧密团结而又友爱温暖的一家人。

——写在前面

2022年，不知道为什么，总是莫名其妙地哭，莫名其妙地掉眼泪。这一年，有太多故事想讲，有太多事情想说，有太多感情想倾诉，有太多人想一个一个拥抱，有太多太多温暖。我本来想换个角度写的，思路繁杂，内容交织，可能小家子气习惯了，就还是自私地站在自己的视角来写吧。

01 热爱可抵岁月漫长

电视剧《我们这十年》之《热爱》篇中，江苏小伙张雷，体育教育专业毕业后，从南京到新疆伊犁的一个边远小镇当体育老师，不会踢足球，却带一群少年追逐足球梦想，取得联赛冠军。初到新疆，人生地不熟的孤独，理想与现实的差距，饮食与住宿的不习惯，组建足球队的重重困难，学生不认可，家长不支持，想跑路回家的想法每时每刻充斥着脑海，但每次在他想走的时候，都有很多触动在劝阻。"你有梦想，我们给你翅膀，孩子们有梦想，我希望你能为他们插上翅膀""小伙子，这条路只有一盏灯，路嘛，不好走，我怕你们摔倒，所以呢，夜里开个车，替你们照个亮。"

淡淡温情最感人，不经意间最动人。"越是难的事情，越是值得去做的事情""我之前总是觉得我是在替你们争取未来，其实是你们成就了我，让我找到了自己的方向和目标。"一个不会踢球的足球教练，却带着一群孩子创造了奇迹！这份奇迹的背后都是满满的热爱吧。

这部剧，让我的代入感很强。热爱的背后是什么呢？是使命还是责任？我想可能是真诚吧，学生的那份真情，校长的那份真心，书记的那份真意，张雷自己的那份真我吧。

在每个辅导员的成长过程中，都有很多这样的时刻，日常工作忙碌辛苦，几乎忘掉了自我，有时想要逃离，常常幻想如果当初选择其他职业会怎样，忙碌中越发浮躁、不安、焦虑、不确定。随着这份忙碌，我们慢慢地轻车熟路、驾轻就熟，会像张雷一样，从不会踢足球到成为足球冠军队的教练，这是一个蜕变的过程。

这个过程中，有酸甜苦辣，有汗水，可能还有泪水，但总有陪伴，有笑脸，有温暖。忙碌中慢慢学会步子放缓，脚踏实地，调整方向，继续前行。

02 陪伴可愈万千不安

最近咳嗽发热的日子里，电视剧《老友记》就是背景音，听到好像就感觉到一种治愈；28年前的第1季和18年前的第10季，这10年，有着我曾羡慕和向往的友谊。"It's about that time in your life when your friends are your family."（这是一段朋友即家人的岁月）

都说朋友是我们自己选的家人，学生工作者之间的默契或者共情就像一种孪生体验，一种非言语的交流和体验，属于一个眼神你就懂的，属于一个你是辅导员啊，我也是辅导员啊，之后就天下学工一家亲的默契和自然。《老友记》里的每一个人都不完美，甚至可以随口说出每个人的很多缺点，但他们是如此真实地生活着、真诚地彼此对待着，包容彼此的缺点，抚慰彼此的伤口，他们的友谊很完美。作为一直陪伴青春的辅导员来说，彼此之间的陪伴和成长也很温馨。你加班的时候我顺带也加个班，陪陪你，你遇到难题了我们一起帮你想想办法，一起解决问题，一起面对困难，一起锻炼与成长，这一路的默契那么长。

每一个刚到辅导员岗位上的年轻人，都可能经历这样一段岁月，只身一人，满腔热情，谈心谈话，加班加点，同事学生就是家人，一起奋斗，一同欢笑，互相依靠，彼此陪伴，互相赋能，彼此疗愈，彼此成就。简单的喜欢最长远，平凡中的陪伴最心安，学生工作者之间的感情在一起并肩作战的日子里慢慢升华，超乎友情，不同于爱情，类似亲情。

工作8年，回想成长："小姑娘，刚工作，不要有那么大的脾气""要分清工作的轻重缓急""要注意沟通方式方法""别太拼了，早点下班，注意身体""干得不错，好好干""哎呀，你的这个文学修养差了点，还是要多读点书""做好时间管理""不要老加班，赶紧回家陪孩子""我来弄吧，你赶紧回去""这个我做吧"等，这一路的感动那么长，要感谢的人和感激的事很多，这一切感动都来自学生工作的赋能。

感恩相遇，感激相见，感动相伴。

爱与归属感，是时间的答案；

赋能与成就，是成长的答案；

温暖与陪伴，是你我的答案。

热爱可抵岁月漫长，陪伴可愈万千不安。

你未必光芒万丈但要始终温暖有光。

愿："壹小家"的所有小伙伴，都越来越好。

字说辅导员之"我"

隋昕

嗨，

你好，

正在看这篇文章的你

请问你生命中最重要的 3 个人是谁？

给你 3 秒钟，考虑好了吗？

这 3 个人是谁呢？

有你自己吗？

是不是没有？

为什么没有呢？

"我"也很重要啊！

01 "我"的工作

上一次写"字说辅导员"，我刚刚新型冠状病毒感染工作 1 年，现在已经工作 3 年半了，时间过得真的好快。从 2020 年年初的新冠疫情暴发，回想这 3 年的点点滴滴，时常面对几百个不同数据而仔细斟酌、深夜安抚着一个个年轻的心灵、绞尽脑汁各种方式为同学们答疑解惑，辅导员，凝结成了一股极其强劲而又向上的力量。

有些画面回忆起来总会有很多感动。

线上开班会等，看着在家穿着睡衣的同学，场面既温馨又有趣；毕业生无法返校，辅导员为同学们邮寄行李发快递，邮去的不只是行李，更是爱与梦想；没有毕业照、没有毕业晚会，辅导员抠图领着同学们做合影，含泪和同学们在视频前告别，虽说是疫情后可以相见，但大家心里都明白，此刻便是再见。

时光追溯到，辅导员在学校和同学们同吃同住，辅导员是"大白"，穿着防护服组织核酸检测；辅导员是"外卖员"，为每一个寝室送去温热的饭菜；辅导员更是"战士"，大雪纷飞下，是他们运送物资的身影让学生心生温暖……辅导员还有很多身份，他们是光，照在学生们的身上，无处不在却又炽热无比。

随着疫情的变化，辅导员工作越发繁忙而又紧密。还记得一位同事前几天说："没想到，疫情一转眼已经快3年了。"每当回顾这段时光，很多事物让人感怀，班级的群接龙，返校学生群里的重点排查，搜索这些关键词，成百上千条信息映入眼底，如果不仔细去看，真的可能忘却了竟然已经统计了这么久。

关心每一位学生的打卡详细位置、每日关注每位学生的体温、了解每一位学生的行程，似乎"每"成了辅导员工作的常态，联系不上发微信、微信不回打电话、电话打不通联系家长……为了这"每一个"，不遗漏这"每一个"，将几百个学生的信息像网一样连结在了一起。

"我"们总会有这样的共识（不是自诩"我"多辛苦）：下班时间就觉得手机在震动，哪怕是在洗澡、运动，一会不去看看手机都觉得学生在找"我"，可能这是职业病吧。

疫情下，学生的学业咨询和心理辅导更是呈现了一种新态势、"我"们面临更新的挑战。面对疫情下的环境变化，如何调整学生们的心态、检视学生当前的学生状态成为重点。"李同学，还有几科没过啊，是否需要找你们班学习好的同学帮帮你？""王同学，最近状态怎么样？有时间来杏五111办公室聊聊？""×××，快下实习点了，考研打算考哪里，准备得如何了呀？""×××，工作找得怎么样了，待遇、发展怎么样啊？"一个个生动的画面浮现在脑海。每一位学生都是一个有独立思想的个体，更承载着每一个家庭的未来，是每个家庭的希望。

"我"们将尽己所能，帮助同学们更好地成长成才。

上善若水，"我"们就像泉水，陪伴学生，细水长流。

02 "我"的情绪状态

学会关注自己的情绪状态。

每次因为学生不守纪律或者工作不如意时，发火前，先跟自己说一句："不要急，好好说。"脾气上来的时候，做的任何决定，处理的任何事情，效果远没有心平气和有理智时处理得好。这真的是 3 年多在工作中摸爬滚打中得出的血泪经验教训了。工作上碰到不顺心的事情再正常不过，如果被别人的行为或者言语一点就炸，我们多是缺少磨炼？要允许学生犯错和缓慢地成长。当了辅导员之后，不经意间，总会对学生进行说教，觉得这个要怎么样那个要如何，而当学生做不到或者学生家长没有跟着配合，就自己越想越烦躁，以致后面学生再次犯错，自己可能会更加烦躁易怒，这就容易陷入负面的循环。为什么社会会有教育呢？因为我们每个人都不够完美，所以才需要不断地学习，学习知识，充实自己的能力。学习为人处世，更好地去融入这个社会。要给教育一些时间，每个人有不同的成长时间线。急于求成的结果，往往没有积蓄力量之后的结果来得好。日子很长，用心去浇筑，用心带好学生，剩下的，就是放平心态，静待花开。

关注自身情绪状态后，学会接纳自己。

接纳自己，与自己相处，就像见到喜欢的人一样郑重其事地对待自己。同时不能因为自己当了老师，就不知不觉间觉得自己都是对的，学生、家长都得按照自己的想法来。这个社会其实卧虎藏龙的人有很多，你我都只是大千世界平凡的一员。我们不是因为当了老师、当了辅导员之后而变得有教育的权威，换句话而言，我们只是因为工作中比别人多学了一点关于教育的东西，所以现在在教书育人罢了。

别吝惜对自己的鼓励与赞美。真正的进步不是焦虑的自我怀疑，而是平静的自我接纳，不是被对自己的不满驱赶着，而是被美好的目标吸引着，真正的进步都没那么着急，我们默默耕种，耐心等待它开花结果，相信成长会自然而然地发生。外在的激励都是有限的，"世界上最伟大的激励，就是自我激励"，要相信自己。自我激励可以让我们调动和控制自我情绪，使自己充满自信、乐观、向上的积极情绪，并以积极的心态面对生活的困难，最终获得突出成绩。

03 "我"就是个普通人

有人说辅导员是超人，有人说辅导员像爸爸、妈妈、哥哥、姐姐，有人说辅导员像警察、医生，其实辅导员也是普通人，他们也为人父母、为人儿女，有一颗向上的心。

总有一种力量，鼓舞人心、催人奋进，总有一种力量，让我们热泪盈眶，总有一种力量，让我们温暖前行。"我"们是"超"人，"我"们也是普通人，平平凡凡，默默无闻，但就是这些普通凝聚起这些向上的力量，"我"们是学生成长成才的人生导师，是学生健康生活的知心朋友，"我"们是辅导员。

字说辅导员之"敬"

张彦红

"事思敬，执事敬，修己以敬。"事思敬，是指尊敬自己的工作；执事敬，是指做好自己的工作；修己以敬，是指慎重地培养好自己，以更好地尽职工作。

01 事思敬

中华民族历来有"敬业乐群""忠于职守"的传统。早在春秋时期，孔子就主张人在一生中始终要勤奋、刻苦，为事业尽心尽力。他说过"君子有九思：视思明，听思聪，色思温，貌思恭，言思忠，事思敬，疑思问，忿思难，见得思义。"其中，"事思敬"的意思是要尊敬自己的工作，专心致志做所要做的事，即我们现在常说的"敬业"。

在实际工作过程中，没有随随便便就能做好的事情，只有心中充满敬意，遇事仔细思考，周密准备，态度认真，全情投入，才有可能达到预期的效果。

从自身出发，要清晰辅导员的职责。辅导员是开展大学生思想政治教育的骨干力量，是高等学校学生日常思想政治教育和管理工作的组织者、实施者、指导者。辅导员也是学生与学校的重要纽带，是了解学生生活和心理动态的最直接来源，是对学生进行管理和疏导的最前沿阵地，发挥的作用不容忽视，需要全情投入，才能真正做到事思敬。

从内心出发，要尊重辅导员的职业。在工作过程中，虽然会听到"辅导员是大学生的保姆、这些事情就应该让辅导员来干"等评价与说辞，心中不免受挫，也迫切希望各岗位人员能与辅导员合力做好学生思想政治教育，实现三全育人，促使学生全面成长成才。但最重要的是自身不被外界声音干扰，从内心尊重自己的职业、敬佩自己所做的工作，不断学习、与时俱进，真正成为一名优秀的"人生导师和知心朋友"。

当然，辅导员也有很多被认可的方面。"辅导员是万能的，什么工作都可以做；辅导员队伍是一支能打胜仗的队伍"等。能收获这样的评价不是在一次两次简单的、随便的工作中就能得到的，正是我们付出得足够多，才能让他人看到我们足够优秀。那么在今后的工作中，心中充满敬意，保持积极向上的态度、踏实肯干的精神，努力成长为一名"常胜将军"。

02 执事敬

"执事敬"既是将自己的内在德行之敬展现在外在的干事业、做事情之中，又是实际工作和履行职责中对待事业的兢兢业业、恪尽职守。在《论语·子路》中，孔子说："居处恭，执事敬，与人忠。虽之夷狄，不可弃也。"意思是日常起居要态度端庄，担任工作要谨慎认真，和人交往要忠心诚恳。即使到了未开化的蛮夷地区，也不可背弃。

辅导员从学生入学开始，一年365天，一天24小时，时刻在线，随时待命。从思想理论教育和价值引领到党团班级建设，从学风建设和学生日常事务管理到心理健康教育与咨询工作，从网络思想政治教育和校园危机事件应对到职业规划与就业创业指导，以及理论和实践研究等九个方面都是辅导员的职责。工作虽多，但不容马虎。

日常工作中，小到与学生进行一次谈心谈话，需要在谈话前确定本次谈话的时间、地点、主要目的，已了解的学生相关信息，重点处理问题等，提前列出提纲做好万全准备，在谈话过程中才能把控全局，充分实现本次谈心谈话的意义，而不是停留在和学生聊聊天流于形式那么简单。大到组织开展一次集体活动，从前期策划、过程实施、经验总结等每一细节，都需要充分考虑，不断演练与打磨，最终呈现一个最优效果。

辅导员工作中的大事小事，如果缺乏谨慎认真的态度，所取得的效果肯定会不理想。想要把辅导员这一工作做好，需要时刻提醒并努力成为一名有理想信念、有道德情操、有扎实知识、有仁爱之心的好老师。

03 修己以敬

"修己以敬"作为一种自处之道，在其本质上是一种"为仁"之道。《论语·宪问》中子路问君子。子曰："修己以敬。"曰："如斯而已乎?"子路问什么叫君子。孔子说："修养自己，保持严肃恭敬的态度。"

在科技发展日新月异，知识更新、信息增长空前加速的今天，为人师表肩负着传承文明、续接薪火的人类使命，担当着教书育人、完善心灵的重任，必须不断实现已有知识的更新与突变，适应当前教育所需。

我们常听说："学生是老师的一面镜子，什么样的老师就会培养出什么样的学生。"坦白而客观地讲，学生永远是教师个人素质的最直接"受益者"或"受害者"，一个优秀而具有责任感的教师，首先要做的事，就是提升自己的人生境界。如果一个教师被迫成长，那在很大程度上是以学生的前途为代价的。所以，我们要避免这种情况的出现，需要保持严肃恭敬的态度，不断修养自己。

辅导员工作并不是一帆风顺的，总是一波未平一波又起。在疫情等各种因素的影响下，解决困难的过程劳心劳神、费时费力，压力颇大。与学生相处过程中，尤其要注意自己的言谈举止，在一定程度上顾及学生的感受，善待学生、尊重学生。在引领学生进步的同时，无论是在自己的工作还是生活中，也要坚持修身修心，内修坚强勇敢、沉着冷静、独立果断的意志，外修危机应对、事务处理、沟通交流的能力。

在辅导员这一道路上，经历过荆棘和坎坷，体验过失望与难过，但还是会在深夜情绪波动敏感焦虑内耗后开展与自己的对话和洗礼，重新整理思绪，思考如何更好地解决问题。"人在事上练，刀在石上磨"，"一切都是最好的安排，如果现在不好，那就还没到最后"。我坚信只要保持"事思敬，执事敬，修己以敬"的态度，每一位辅导员都可以是给予学生温暖与光芒的暖阳，也可以把自己每天平凡的日子堆砌成伟大的人生!

字说辅导员之"师"
——辅导员的"师"情话意

冯苗苗

"师者,传道授业解惑也。""师"是汉语一级通用规范汉字,此字始见于商代甲骨文。"师"为古代军队的一种编制单位,由此引申指军队。"师"在商周时代属于最大的军队编制,人数众多,故"师"又引申为众人。后专指官名,引申指教师,掌握专门技术或知识的人,还引申指模范、楷模。

我很荣幸在今年成为一名辅导员老师,辅导员旨在"培养担当民族复兴大任的时代新人,培养社会主义合格建设者和接班人"。这既是辅导员的初心使命,更是辅导员职业化、专业化发展的核心主线。作为一名青年辅导员,我会始终不忘育人初心,担当育才使命,将使命与责任融入日常工作之中,唯有对辅导员的初心使命坚定不移,才能在职业发展的道路上行稳致远。

01 立足岗位,引领学生健康成长

纵观历史,一个人在青年时代接受何种思想,直接决定了其未来的人生走向,坚持走适合自己的路,才是最好的选择。对青年人的引领需要深入细致地教育和引导,面对各种社会思潮的现实影响,大学生们不可避免地会在理想和现实、主义和问题、利己和利他、小我和大我、民族和世界等方面遇到思想困惑。辅导员要在"青春时代"的窗口期解决这些关键问题,要做青年的引路人,引导青年一代深学而笃行、至信而深厚,在遇到学生当兵、考研、考公、就业以及选择创业时,辅导员都应进行思想引领,在日常工作中,也要引导学生理性务实,结合自己的特长和社会的需求,不徘徊、不犹豫,走适合自己的道路,在青春的赛道上跑出属于自己的优异成绩。

人民对美好生活的向往就是中国共产党奋斗的目标,也是当代大学生人生努力的方向。作为辅导员，要自觉树立和践行社会主义核心价值观，自觉用中华优秀传统文化、革命文化、社会主义先进文化培根铸魂、启智润心，加强道德修养，明辨是非曲直，增强自我定力，矢志追求更有高度、更有境界、更有品位的人生。与学生深入交流，鼓励学生要珍惜校园时光，不忘初心使命，坚定理想信念，练就过硬本领，引领青年学生到祖国最需要的地方去，到民族复兴最需要的岗位上。

02 永葆初心，用心用情关爱学生

我曾经看过《习近平与大学生朋友们》，这本书告诉我"和学生交朋友"的工作方法。这既是宝贵的思想政治教育工作经验，也是我们党"从群众中来，到群众中去"的工作方法在教育实践中的生动体现。

和学生交朋友，首先要有做学生益友的态度，和学生"主客"对立不行，自命为师高高在上不行，脱离学生单打独斗也不行。要端正态度，发自内心地将学生作为朋友；要有做学生益友的温度。学生感到迷茫时要答疑解惑，学生陷于困境时要尽力帮助，学生成长缓慢时要给予足够的耐心，学生取得成绩时要继续鼓励。

在我接触的学生中，有一位同学性格内向，在开学之初就发现她不是很愿意融入集体，还有迟到和旷到的行为。进行电话沟通后我发现，她并不愿意与老师沟通太多，随后我及时和班级团支书进行了沟通，希望从同学的角度去了解她行为背后的原因。通过一段时间的观察了解，逐渐知道她因为中学时间在学校受同学排挤，所以慢慢变得内向，不爱与人交流，喜欢写作，内心细腻。在此之后，我会给她推荐学校的各种征文活动，鼓励她参与活动、展示自我，从她的兴趣出发和她交流喜欢的作者，分享自己写的文章。渐渐地，这位同学慢慢开始主动和我分享她的事情，近期学习上的困惑，或者生活中遇到的美丽景色。

03 潜心坚守，陪学生一起绽放

韩愈的《师说》里写到："孔子曰：三人行，则必有我师。是故弟子不必不如师，师不必贤于弟子，闻道有先后，术业有专攻，如是而已。"中学时代听到这句话总觉得，如果老师这样高深学问的代表都不能把所有问题解决，那还能当老师吗？因此，我一直觉得这不过是古人一种认识事物的境界而已。但当自己成为老师之后，才真正理解了这句话的深刻含义。作为一名老师，就是要不断学习，在和学生的相处中，与学生共同成长，陪学生一起绽放。

与学生共同成长，就是要服务学生，也就是传道、授业、解惑，除了专业知识，还有做人处世之道，帮助学生树立正确的价值观。在不断的学习中，丰富自己的理论知识，从容应对学生的各种问题。除此之外，基于了解学生的基础上，深入交往了解学生的所思所想，在做学生的工作中、解答学生的问题中，也会不断提高自己认识问题和解决问题的能力，在带领学生成长成才的过程中，自己也会有所收获和成长。

千秋基业，人才为本。在实现第二个百年奋斗目标的新征程上，我们比历史上任何时期都更加接近实现中华民族伟大复兴的宏伟目标，也比历史上任何时期都更加渴求人才。培养、使用青年人才，不仅是落实人才强国战略的重要举措，更是关系全局、关乎长远的一件大事，必须不折不扣地抓好抓实。通过一段时间的工作，我真切感受到了辅导员工作所承载的使命，我认识到辅导员的工作是教育人、培养人，扎实做好辅导员工作，对于培养合格的大学生，为祖国培养社会主义建设者和接班人具有重要意义。最近我在参加新入职教师的培训，通过这次培训，我在专业理论上得到了更大的提高，只有自己加强学习、拓宽视野、更新知识、丰富实践，不断提高业务能力和教育质量，才能带好学生，让学生真心喜爱、有所受益。

教师是人类灵魂的工程师，我为所从事的工作而感到骄傲，相信在我的努力之下，我一定能够成为一名优秀的辅导员，让更多的学生快乐健康地成长！愿世间美好与你我环环相扣，时代下的大考，全国人民都会交上满意的答卷，教师负重前行，学生未来可期。

字说辅导员之"实"

殷建强

2022 年，与"石城"（石河子的简称）初见于炙热的 6 月，悄然间，已是 11 月。这个季节的校园，天微凉，时有小雨，秋风掩翠，并无萧瑟之感，一幅静谧唯美之画面。漫步在步道之上，忽有阵阵苹果香，抬眼望去，颗颗饱满、丰盈，尝之，味美不能自胜，慨然"春华秋实"。何为"实"？《素问·调经论》中将其解释为"有者为实，故凡中质充满皆曰实"。作为一名高校辅导员，我认为，师德师风要"实"，日常工作要"实"，关心关爱要"实"。

01 立人正己，师德师风要"实"

正处于人生"拔节孕穗期"的大学生心智逐渐健全，思维进入最为活跃的状态，要让几百个思维活跃的独立个体接受你教给他们的思想和道理，不是一件容易的事情。需要学生在情感上、内心里确确实实地接受你、信任你，这就要求辅导员要以生为本，立言立行。

立人正己，做知行合一且让学生尊敬的"带头人"。《学记》中有言"尊其师，奉其教"，意思是学生尊敬自己的老师，才会从内心接受老师的教诲，听从老师的教导。辅导员是高校学生日常思想政治教育和管理工作的组织者、实施者和指导者，获得学生的尊敬和信任是顺利开展各项工作的基础，基础打得越牢靠，工作开展起来就越发得心应手。反之，基础不牢，地动山摇。因此，辅导员首先要在学生中间树立良好的教师形象，要有堂堂正正的人格，做让学生尊敬的人，用自己的言谈举止去感染学生、赢得学生。作为辅导员，当有曾子"吾日三省吾身"的态度，常思"人师三问"，要善于从习近平总书记关于教育的重要论述、我党关于教育发展的理论思想、中华五千年优秀传统文化中汲取养料，不断提高思想境界以正心修身，规范言谈举止求知行合一，努力成为让学生尊敬的"带头人"。

02 实事求是，日常工作要"实"

自来到石河子大学医学院，已将近 5 个月，在这段时间里，疫情防控成为工作生活的主旋律。幸有各级领导的关怀与所管理学生的支持与配合，尤其是身边老师的帮助，令人感佩至深。经此一"疫"，使我增长了不少实际工作的经验，对以后的学生工作大有裨益，正所谓"每做难事，必有所得"。

我也认识到，辅导员在处理学生事务时，要多倾听、多观察，秉持公平公正的原则，按照既有的制度和规则进行。实事求是，不偏不倚，事事做到实处、件件都有回应。在不断学习理论知识、加强理论修养，及时把党的理论创新成果学懂弄通做实的同时，还要不断学习新知识、新技术、新思维，用学生喜闻乐见的方式了解学生情况，和学生在轻松愉快的氛围中，达到沟通思想、传递价值的效果。这就要求我们要走出办公室，走向教室、操场、宿舍、食堂等，把握好主题班会、文体活动、家庭走访等各个工作时机，深入学生当中，增加与学生沟通交流的机会，及时了解学生的所思所想、所困所需，第一时间解决学生最关心、最急迫的问题。

03 以情系人，关心关爱要"实"

青少年时期的大学生情感是细腻的，由于原生家庭、文化背景、生存环境、民族差别、性格特点等影响，又表现出丰富性。想要把握这种丰富且细腻的情感，辅导员就要带着细致入微的观察力和感同身受的情感共鸣，深入了解每一位学生，关心关注每一位学生，用爱心和无私奉献的精神赢得学生的喜爱和信任。在查宿舍的时候发现有学生蜷缩在角落，情绪低落，上去拍一拍肩膀，笑着说"没事儿，有什么困难我们一起面对"；有学生感冒发烧，关切地问一问"吃过药了吗？现在感觉怎么样？"；有学生考试压力太大，陷入焦虑，耐心引导，说一句"加油，你一定行"……心中始终装着学生，用真情打动学生，做一名有温度的辅导员。青春于我，如正午之阳。作为一名兵团高校的青年学生工作者，我要认真学习领会党的二十大报告精神，继承发扬兵团精神，永葆干事创业的信心和决心。扎根本职，砥砺奋发，勇毅前行，为全面建成社会主义现代化强国、实现第二个百年奋斗目标添砖加瓦。

青春于我，如正午之阳。作为一名兵团高校的青年学生工作者，我要认真学习领会党的二十大报告精神，继承发扬兵团精神，永葆干事创业的信心和决心。扎根本职，砥砺奋发，勇毅前行，为全面建成社会主义现代化强国、实现第二个百年奋斗目标添砖加瓦。

字说辅导员之 "清"

罗华英

清 [qīng]，汉语汉字，"氵"即水，"青"即蓝色（会意、从生、从丹），"清"形声本义为水澄澈、纯净、透明、无杂质。如《诗经·魏风·伐檀》："坎坎伐檀兮，河水清且涟猗。"

清可指明晰、明白。《楚辞·渔父》："举世皆浊我独清，众人皆醉我独醒。"

清可指公正、廉洁。《史记·乐书》："正直清廉而谦者，宜歌风。"

清可指洁净、纯洁，《楚辞·离骚》："伏清白以死直兮。"

清可指清正、清洁。《晋书·殷浩等传论》："清徽雅量，众议攸归。"

水清则无杂质，又引申指一点儿不留、完尽，如"肃清""清除"。

01 做人清正：思想清纯无杂念、为人正直无私心

有一种深情的表白，叫作"清澈的爱，只为中国"——"00后"戍边烈士陈祥榕曾写下的一句话，令无数人为之泪目。清澈的爱，如此纯粹，又如此炽热；如此柔软，又如此坚韧！作为一名新时代兵团高校辅导员，我始终不忘入党初心，牢记使命责任，保持着对学生清澈的爱、对学生工作执着的爱。

习近平总书记在党的二十大报告中指出："全党要把青年工作作为战略性工作来抓，用党的科学理论武装青年，用党的初心使命感召青年，做青年朋友的知心人、青年工作的热心人、青年群众的引路人。"我们生逢其时、重任在肩，责任重大、使命光荣，更要坚定理想信念，用心做好思想政治教育和价值引领，从自身工作的点滴出发，以习近平新时代中国特色社会主义思想为引领，扎实做好大学生思想政治教育工作，努力成为政治强、业务精、纪律严、作风正的学生辅导员。

02 思路清晰：遇事清醒无慌乱、处事清晰无曲径

高校辅导员工作对象是千家万户，工作内容是千头万绪，工作状态是千辛万苦，工作方式是千变万化，工作特色是千红万紫。辅导员更要有清晰的工作思路，不忘复盘总结，不断创新工作方法，提高工作效率。

第一是加强理论学习。学习习近平总书记关于教育的重要论述，学习有关法律法规、政策制度，做到入脑入心，烂熟于心。第二是掌握学生的规律。从开始与学生培养感情、打好思想政治教育基础，到集中精力，深入教室、宿舍，深入学生谈心谈话，做好专业学习、社会交往、能力培养、素质提高等方面的辅导工作，再到就业指导、文明离校等工作。第三是制订工作计划。凡事预则立，不预则废，辅导员要重视工作计划的制订，要有年计划、月计划、周计划，做到早知道、早谋划、早行动，及时总结思考并提出新的举措。第四是注重台账管理。辅导员要对重要工作进行清晰缜密记录，如主题班会、思想教育、安全教育、心理健康教育、支部大会会议记录等。工作台账便于自我复盘，能不断发现问题进行改进，从而提升自我水平，提高工作效率。

03 工作清廉：业务清透无反复、事事廉洁无杂音

高校辅导员是大学生思想政治教育的骨干力量，辅导员廉洁意识的有无、廉洁品质的高低直接关系到学校的声誉和育人成效的高低。

叶圣陶先生曾说过："教育工作者的全部工作就是为人师表，凡希望学生去实践的，自己一定实践；凡劝诫学生不做的，自己一定不做。"作为高校辅导员，与学生接触最多、来往最频繁，我们一定要遵守高校教师职业行为规范，牢记中国共产党纪律条例，自觉规避辅导员岗位的廉政风险点，做一名讲道德、重操守、严纪律的廉洁辅导员。在工作中要严守职责边界，坚定理想信念；坚守党纪党规，强化秉公履职；坚持立德修身，强化人格感召；积极营造风清气正育人氛围，主动作为、勇于作为、善于作为，做一名新时代的廉洁辅导员。

自新冠疫情发生以来，广大辅导员积极响应国家、学校号召，奋勇向

前、坚守岗位，在疫情防控工作中充当"教导员""战斗员""宣传员"和学生的"跑腿员""外卖员"，用实际行动践行辅导员的初心和使命，守护学生的健康，牵挂学生的安全，用真情温暖每一位学生。

清澈的爱，只为莘莘学子！淡淡清香，愿常伴你我！

字说辅导员之"活"

滕婉蓉

"活"是汉字通用规范一级字(常用字)。此字始见于《说文》中的小篆文字中。《说文解字》认为"活"字的本义是指水流声。后引申出活动、生动、生计、工作义。后又由活动引申为生存之义。"氵"表示水。"舌"指舌头,两者合起来表示喝水生存之义。

"活"本来给人就是一种充满生命力的感觉,之所以用"活"字跟辅导员联系在一起,是因为他们彼此有太多的相似之处,辅导员的工作是需要充满活力的,工作方式方法要适度灵活,而辅导员本身要有一颗强大的内心,活着就好。

01 辅导员工作要充满活力

24小时开机,随时面对各种应急处突事件,天天面对一群十八九岁、二十出头的孩子,他们精力旺盛、求知欲强,也是自我成长三观正式形成的高速发展阶段。辅导员与青年学生天天在一起,如何走近学生、引领学生、贴切学生,是所有辅导员每一天的必修课。辅导员工作非常烦琐,从请假销假到各类"奖助补贷困",从走访学生宿舍到开班会、级会,组织各类党团活动,从与学生谈心谈话到各种应急处突事件的冲锋陷阵……辅导员的身影无处不在。这么多的工作,如何做好、做深、做到学生的心坎,辅导员需要充满活力,这个活力不光是外在的活力,也是发自内心的对学生工作热爱的活力。

有人说辅导员是年轻的队伍,只有年轻人才能干,我并不认同这样的观点,我依然记得刚入职的时候,办公室有两位即将退休、年龄较长的辅导员前辈,他们手上管理的学生有三四百人,可能在电脑计算机操作这方面并不是那么熟悉,但是辅导员日常的每一项工作都做得很透彻,经常可以看到有很多学生干部在他们的办公室里帮助老师处理一些工作上的事宜，而两位辅导员前辈与学生谈心谈话、交流得总是那么自然，学生把辅导员当作自己特别信任的人，甚至亲切地把他们称作"王妈妈""李爸爸"，而他们的学生去其他老师办公室时，总是让人感觉非常有礼貌。在日常的时候，也常常见到下班后穿着篮球服与学生在一起打篮球的李老师，打篮球的过程中把谈心谈话工作也做了，学生的思想动态也掌握了，学生与导员之间的关系又更近了一步。护理专业刚开始是很少招男生的，绝大多数是女学生，一个班里可能也就几个男同学，一个年级中男生数量屈指可数，经常见到王老师跟学生干部在一块一起讨论设计活动方案，比如举办非常有特色的"男生节"活动，既可以融入专业意识的教育，又能提高男生对护理专业的认同，还增强了整个护理专业学生团结奋进、积极向上的氛围。我很庆幸，在刚入职的时候身边有很多这样优秀的前辈辅导员作指引，让我对辅导员职业有了一种比较深刻的认识，从他们身上我能深刻地感受到他们对学生工作的这份热忱与热爱，他们的辅导员工作是充满活力的，这种活力潜移默化地影响着他们的学生，又激发着学生的内在活力。

02 辅导员方式方法要适度灵活

我记得刚工作的时候，听到最多的一句嘱咐就是，要厘清跟学生之间的关系，师生关系是首位的，老师就是老师，老师就要有老师的样子，没有那么多的哥哥姐姐。这句嘱咐就像打了预防针一样，给了我很多做辅导员的原则。那时候的我刚刚毕业，从学生的身份一下子转变成了要带350多人一个大年级的辅导员老师，如何正确处理好师生之间的关系，成为我当时刚工作的一大难题。依稀记得，年级的第一次大会，我认真准备了许久，拿稿子打了腹稿，写了很多需要注意的事项，虽然学生时代也干过学生干部，一个大教室，350多人根本坐不下，有很多学生是站在教室后排和过道上的，当我第一次站到讲台上时，下面的学生很吵，我与学生的年龄相差并不是很大，如果不做自我介绍，学生是不会把我当作他们的辅导员老师的。当时，我强忍着那种紧张感，一板一眼一脸严肃地开始了自己的开场白："大家安静，同学们好，我是你们的辅导员老师，请不要叫我××姐姐。"后来，我开了无数次级会，每次级会上总是把强调安全的事情放到第一位，以至于我的学生都知道我开班级会的第一句话要说什么。学生快毕业的时候，私信我："老师，你知道吗？我们对你是又爱又怕。"我问："为什么？"学生说："你每次的班级会总是那么严肃，让人感觉好有距离感啊，但是每次来看我们的时候（走访宿舍），你又是那么亲切，时刻在关心着我们，感觉像邻家姐姐一样，我们要是犯错，你的那种严肃劲让我们都挺怕的，但是你对工作的这种严谨态度对我们的影响也挺深的，你看我们年级学生学风还是很强的，不然怎么会有这么多学生考上研究生啊。"学生的这些话给了我很多对于辅导员工作的思考，有时候工作上的原则性是要有的，但是方式方法上要有度，需要一定的灵活性。

我一直认为我可能并不能很好地与学生打成一片，但是我一直所坚守的信条是"严管厚爱"，对待学生工作是一丝不苟的，尤其是在大是大非面前，以及原则性、纪律性、规矩性等问题上，态度是明确的，严肃、认真、不留余地。在学生的日常生活中，最害怕半夜接到电话，不是去急诊、派出所，就是去学生宿舍，但是我相信我第一时间出现，会给学生最大的安慰，因为他们信任我，有问题才愿意第一时间跟我联系，可能这种负责任的态度和行为，也潜移默化地影响着学生做人做事的态度，在一些经历的事情中，与学生共同成长，成就彼此。

03 辅导员需要有一颗强大的内心——活着

活着，可能有些人看到这个词就想笑。但是事实确实如此，做辅导员时间长了，时常会被各种奇葩的事情气到吐血。有一次，同事闲聊吐槽："我快被我的学生气死了！"一问才知道，是学生大半夜给辅导员打电话，询问厕所在哪里。还有同事说，每个月她都会花时间走访40间宿舍，与学生谈心谈话，到头来，有学生却说辅导员不贴近他们，在学生看来，他的导员可能只是花了5分钟与他交流了一下，同事很委屈，感觉自己付出了那么多却没有得到学生的肯定。关于请假的事情，总有一些学生不是那么遵规守纪，把学校的纪律不放在眼里，如果辅导员管得再稍微松一点，他们会钻漏洞、捏造假条、编造谎言、两头骗，有些辅导员老师甚至怀疑过人生，干的是思政育人的工作，该共情的也共情了，该讲理的也讲了，该约束的也约束了，为什么感觉育人的成效并不是那么明显，我到底哪里做得不好。诸如此类的事情很多很多，有些人说大学生应该不像初中、高中生一样，都大了，好管了，但是事实上，有些学生在一度地挑战和试探辅导员的底线，你若让步，他就越往有利于他的利益方向倾倒，让你让出更多的利益给他，永远不能让学生试探辅导员的底线，有时候是需要用"法、理、情"的顺序来教育管理学生的。换句话说，毕竟调皮捣蛋的学生、经常违纪的学生占少数，何必用他们的犯错影响自身对辅导员职业的认同，对自己的辅导员工作否定呢？辅导员需要一颗强大的内心，不受外界干扰，不给自己太多的包袱与负担，与自己和解，心平气和，顺其自然，顺势而为，用活着这样坦然的态度面对学生工作，尽职尽责把该做的做到位，则问心无愧。

希望这篇小文给正在成长的辅导员一点点能量和共勉。

字说辅导员之"学"

张娜

"学",会意字。在字形上,甲骨文中的"学"字是由"两只手朝下的形状""爻"和"一间房子的侧视形"组成。之后,在周代早期的"盂鼎"里出现的金文中的"学"字的"房子"里增加了个"子",表示孩子们获得知识的场所是"学"(一种教育机构,即学校),表达的意思趋于具体完备。随后逐渐演变为现在的汉字"学"。在字义上,"学(jiào)"字的本义是"对孩子进行启蒙教育使之觉悟",即表示"进行教导",读作 xué 时原本专用于表示"接受教育",引申而指"互相讨论""效法、模仿""注释、笺疏""讲述、说""知识"等。

2019 年 6 月,一群刚刚毕业的硕士研究生通过考试、面试等层层筛选,加入了石河子大学辅导员这个队伍当中,很荣幸我也是其中的一员。感叹时光匆匆,不知不觉自己也从一名新辅导员逐步走向有将近 5 年学生工作经历的老辅导员。从学生转变为老师,从自己学习到教会学生学习,用自己所学所感去引导感染学生,辅导员工作在平凡与细微中成就了他人,同时也锻炼了自己。

01 了解学生——学无常师

"老师,你真是太可爱了!"这是我的 2023 级新生见我第一面时对我毫不吝啬的夸赞。现在的学生不再是我想象的那样,很多学生之间常用的词汇,比如 emo、YYDS、芭比 Q 了、大聪明、小趴菜、服了你老六、干饭人、我真的会谢等,若没有提前做功课,怕是很难和学生有效地沟通。"没有表情包,我好像就不会说话了",跨越时空的线上社交越来越成为"00 后"大学生必要的社交手段,隔着屏幕如何与弱关系甚至是陌生人快速建立熟悉及信任关系,表情包以其方便快捷、生动活泼、避免尴尬的优势成为当代大学生社交的最佳选择。在这样的形势下，辅导员工作与时俱进、因势而新的要求就显得更为重要。了解自己的学生，了解学生的思想、学习、生活、网络中的动态，摸索学生成长的规律，探究现象背后的本质，才能更好地做好学生工作，成为他们成长道路上的人生导师。

02 时刻学习——学无止境

机缘巧合，我有幸听到了大连海事大学曲建武教授的讲座，他在谈到自己从事 30 多年的学生工作经历时，脸上洋溢的骄傲与自豪是无法遮掩的。如今 66 岁的老先生仍在不断学习习近平总书记的讲话精神，不断学习新的文化知识，这让我这个后辈深感触动。进入 21 世纪，国际形势风云变幻，思想文化交融交锋，这深刻影响着大学生群体的思想观念、价值取向，也对辅导员工作提出了更高的要求。辅导员既要埋头干事，也要抬头看路，积极对标时代发展大势，在学习上下功夫，加强谈心谈话、心理辅导、职业生涯辅导、科创指导等技能学习，坚定不移地走专业化、专家化职业发展道路，引导学生扣好人生第一粒扣子，踏好人生第一级台阶。

03 本领学好——学以致用

2023 年 7 月 19 日歌手刀郎发布全新专辑《山歌寥哉》。几天后，《罗刹海市》火爆出圈，短短几天全网的播放量达到 60 亿。喜欢听歌的我第一次听到这首歌时甚至怀疑这是否真的是刀郎的歌曲，但是当了解完词曲及背后深意之后引发了我的深思。无论是娱乐圈还是我们周边的环境都有错综复杂的人与事，但是不断地反思和选择是我们需要去做的。辅导员亦是如此，我们在不断学习、不断成长的过程中也要不断地去反思，培养什么人、如何培养人以及为谁培养人一直是习近平总书记强调的重中之重。只有辅导员明确目标、坚定信念，才能将价值引导贯穿学生成长的全过程，引导学生勤奋学习，正确认识当前学习与今后发展；引导学生健康生活，加强习惯养成、意志磨炼、体质锻炼，走下网络、走出宿舍、走向操场；引导学生树立正确的爱情观，处理好爱情与学业、爱情与友情、现在与将来的关系；引导学生合理规划职业生涯，借助职业生涯团体辅导帮助学生分析自我优势与发展路径，合理安排大学生活。

辅导员，是老师亦是亲人，是朋友亦是手足，无论是哪一种身份，都需要我们去坚持坚守的定力、奋起奋发的胆力。愿我们每位辅导员遍尝酸甜苦辣，历尽喜怒哀乐，仍然心里有束光，眼里有片海，传道、授业、解惑。

第二篇

青春身后的青春

感悟《我的修养要则》，学习周总理"帅"的秘籍

让我们遇到更好的自己　让学生遇到更好的辅导员

胡昌娃

01

网上有人问："一个人最帅的样子是什么样子？"

其中点赞最多的是："就是周总理的样子。"

我深以为然。

周总理，是一个可以"帅"到极致的人。

习近平总书记说："周恩来，这是一个光荣的名字、不朽的名字。每当我们提起这个名字就感到很温暖、很自豪。"

曾长期旅居中国、与中国人民并肩作战过的德国友人王安娜说："即使是最高明的摄影师拍下的照片，也不能再现他的人格和魅力。"

若问周总理为什么那么"帅"，提起名字就让人感到温暖、自豪？

近日，偶然读到周总理的《我的修养要则》，触动颇深。

我觉得《我的修养要则》就是秘籍，给了我们探寻答案的钥匙。周总理的"帅"来自他坚定的信仰，来自他严实的修养。

作为辅导员，联系周总理的人生故事，《我的修养要则》对辅导员这一角色如何修炼成长也有很好的启示。

02

修养，自古以来就被人们珍视，被文人墨客推崇，被寻常百姓所追求。

修养好的人更受人欢迎，他们内心总有风景，外在总有光芒，相处起来让人觉得舒服、精神。

修养重要，但要靠自己有意识地去努力修炼。就像冰心曾说："修养的

花儿在寂静中开过去了，成功的果子便要在光明里结实。"

辅导员是大学生思想政治教育的骨干力量，是与学生接触最密切、联系最紧密的人，也是对学生成长发展有较大影响的人。有什么样的辅导员，就很有可能带出什么样的学生。辅导员要做到守土有责、守土尽责，就必须刻苦修炼成长，做一个有良好修养的人，努力成为学生成长成才的人生导师和健康生活的知心朋友。

周总理是自我完善的楷模，是共产党人的光辉典范。作为新时代辅导员，我们应用心感悟周总理完善自我的珍贵品格和实践方法，用来鞭策和激励自己，努力提升自我修养，让我们遇到更好的自己，让学生遇到更好的辅导员。

03

自省与自律是自我修养的起始，也是一个人最高贵的修养。

自省是思想意识层面，自律是实践行动层面，两者的结合既是一个人自我修养的内在开始，也是良好修养的外在表现。

很多时候，我们只看到了他人优秀的样子，却往往忽略了他们近乎苛刻般的自省和自律。《我的修养要则》第四条是："要与自己的、他人的一切不正确的思想意识作原则上坚决的斗争。"第五条是："适当地发扬自己的长处，具体地纠正自己的短处。"这实际上强调的就是自省与自律。同时，《我的修养要则》的产生过程，本身也生动地展示了周总理自省与自律结合的高贵修养。

1943年3月18日，是中共中央南方局书记周恩来农历45岁生日。这天下午，周恩来在重庆南方局很晚才忙完工作，同事们为他准备了茶点祝寿，但他坚持没有出席。当晚，周恩来回到自己的办公室，结合自身以及红岩工作的实际情况，写下了令后世敬仰的《我的修养要则》，对自己提出更严格的要求，就这样度过了45岁生日。

从清晨到深夜，从线下到线上，辅导员可以说无时无刻不在学生面前，既在开展工作，也在接受学生的"观察"，一举一动都是言传和身教。也许不经意的一句话、一个眼神、一个动作、一件工作，都有可能在学生心里或学生群体中产生或大或小的"风暴"。

一言一行都反映着我们的修养形象，也影响着学生和工作。因而，作为辅导员必须常常反省自己的言行，常常约束自己的言行。一方面，要努力像古人所说的"吾日三省吾身"，做到事情过了有反思和总结，再做事情有改进有提升。另一方面，须严格自律，要像《论共产党员的修养》要求的一样，"即使在他个人独立工作、无人监督、有做各种坏事的可能的时候，他能够'慎独'，不做任何坏事。"

04

学无止境，学习是修养之基。

我们常说："看人，主要看气质。"这里讲的气质就是修养的一种表现。那么，什么是好的气质？气质又来自哪里呢？

北宋大文豪苏东坡有一句很有名的诗句"腹有诗书气自华"，若用流行的话讲，就是："若有才华藏于心，岁月从不败美人。"总之，表达的意思就是气质无关年龄，而是来自内心，来自才华，来自学习。

《我的修养要则》一共7条，192个字，第一条就是："加紧学习，抓住中心，宁精勿杂，宁专勿多。"这足见周总理对学习的重视，把学习作为提升自身修养的前提。

学习改变了周恩来的人生轨迹，也是其始终给人完美形象的法宝。周恩来承认自己具有"好学"的美德。1964年，他回顾自己的经历时曾说："感谢母亲的启发，没有她的爱护，我不会走上好学的道路。"早在中学时期，他就在写的一篇作文《一生之计在于勤论》中提到："欲筹一生之计划，舍求学其无从。然学而不勤，则又何贵乎学。是故求学贵勤，勤则一生之计足矣。"他曾强调："要做到人老精神不老。人生有限，知识无限，到死也学不完，改造不完。"

辅导员与正在学习的学生在一起，自然也必须加强学习，这是完善自我使然，这是履行职责使然。新时代辅导员应树立加紧学习的理念，努力做到像习近平总书记在《之江新语》中指出的一样，"我们一定要强化活到老、学到老的思想，主动来一场'学习的革命'，切实把外在的要求转化为内在的自觉，让学习成为自己的一种兴趣、一种习惯、一种精神需要、一种生活方式"。

关于学习的方法，周总理强调："必须从专而精入手。宁可做一件事，不要包揽许多。宁可做完一件事，再做其他，不要浅尝即止。宁有所舍，才能有所取。"知识的专精可让人立足，知识的广博可让人闪光。新时代辅导员要走专业化、专家化之路，就必须从专精入手，要善于在学生工作的某一方面精学、学精，努力成为或心理健康或网络思政等学生工作某一领域的高手，唯有如此才能在辅导员岗位上形成核心竞争力，找到成就感，走远走长。同时，在专的基础上还需广博地学习，开阔视野，拓展思维，游刃于学生工作的方方面面，这样才能在辅导员岗位上形成气质吸引力，找到幸福感，有趣有意思。

05

工作是修炼修养的熔炉，也是展示修养的舞台。

《我的修养要则》第二条强调努力工作，第三条强调习作合一，第六条强调深入群众。这既是周总理学习工作的态度，也是学习工作的方法，更是完善自我的实践要求。

一个人努力工作的样子最好看，也最让人难以忘怀。周总理一生至纯至诚、至高至圣、大智大勇、鞠躬尽瘁。他曾说："我没有权利不努力工作。"作家何其芳在《一夜的工作》中写道："他一句一句地审阅，看完一句就用笔在那一句后面画上一个小圆圈。他不是浏览一遍就算了，而是一边看一边思索，有时停笔想一想，有时问我一两句。"小学课文《难忘的泼水节》中写道："周总理身穿对襟白褂，咖啡色长裤，头上包着一条水红色头巾，笑容满面地来到人群中。他接过一只象脚鼓，敲着欢乐的鼓点，踩着凤凰花铺成的'地毯'，同傣族人民一起跳舞。"

两篇文章，第一篇生动勾勒出了周总理严谨细致、凤夜在公的感人画面，第二篇生动描绘出了周总理深入群众、热爱人民的动人画面。其实，修养不是仅仅体现在形象言语上，更是融合在工作中、蕴含在内心里。我们怀念周总理，不仅仅是因为他容颜帅，不仅仅是因为他是一国总理，而是他真正做到了为信仰、为人民、为国家"鞠躬尽瘁，死而后已"。

学生工作是一份事业，这份事业是培养德、智、体、美、劳全面发展时代新人的事业，这份事业关系国家、社会和学生个人及其家庭。学生工作可能繁杂琐碎，可能重复平凡，但辅导员要想做好并不是一件容易的事。辅导员唯有深入学生中间，努力工作，在工作中历练，在实践中砥砺，方能把学生工作做成大事业、干出大成就，并在其中不断修炼自我，动静自如，日趋完善。诚如明代思想家、军事家、心学集大成者王阳明所说："人需在事上磨，方可立得住，方能静亦定，动亦定。"

06

好修养要有好身体，好身体需要好运动。

《我的修养要则》第七条是："健全自己的身体，保持合理的规律生活，这是自我修养的物质基础。"

有人说：看一个人的身材，就大概知道他的修养。这话虽绝对，但也说明了形象之于个人修养的重要性，而好身材、好身体则主要靠运动锻炼来塑造。

生命需要运动，生命也在于运动。经常适度运动的人，一般都会有几个特征：他们有更为健康的身体，有更为匀称的身材，有更为年轻的外表，有更为积极的心态，有更为充足的精神，有更为优秀的习惯，有更为严格的自律。

周总理一生重视并坚持锻炼身体。上学期间曾写过《约友入足球队启》，中华人民共和国成立后曾提倡工间操，并推动实施了著名的"乒乓外交"。他爱武术和晨跑，至于郊游、爬山、旅行、游泳、骑马、打乒乓球、篮球、跳舞等也都是他喜欢的活动，甚至1927年被捕后，他在狱中仍坚持柔软体操锻炼。中华人民共和国成立后，他虽然公务繁忙，仍不忘锻炼身体。工作之余，总是努力挤出时间打一会儿乒乓球或散一会儿步，或踢一会儿足球。

辅导员与洋溢青春活力的大学生在一起，好形象、好身体至关重要。试想，一个邋遢、挺着毫不掩饰啤酒肚的"油腻大叔"会给学生什么样的第一印象？我想很可能会被贴上懒惰、懈怠、缺乏控制力等不好的标签，甚至做思想工作的成效都会被打折扣。而相反，有好身材、好形象的辅导员很可能会被贴上自律、自信、干练、勤奋、有才华等标签，自然会受到学生欢迎，为做好思想工作加分。同时，"5+2""白加黑"对学生工作者是常态，健康的身体、充沛的体力是面对繁重任务的基础。

习近平总书记强调："良好的精神状态，是做好一切工作的重要前提。"作为大学生的领航人，必须带头管理好自己的形象，珍视好自己的身体，让运动锻炼成为自己的生活方式；要坚持张弛有度地运动，在强健体魄中履行好职责使命；要开展酣畅淋漓的运动，在舒缓压力中展现良好风貌；要带动同学参与运动，在师生互动中育人育才。

07

2024 年，是周总理诞辰 126 周年。

周总理虽已离开我们 48 周年，但他完美的形象始终在人们的心中。

周总理的一生是璀璨的一生，是不断自我修炼的一生。

感悟《我的修养要则》，学习周总理的人生修炼秘籍，我们要努力做一个新时代更好的辅导员，不负时代重托，不负美好韶华！

写在 34 岁的边上

刘红勤

小时候一直向往长大，向往 18 岁，向往 25 岁，

到了 30 岁，好像就停滞了，这奔四的步履是如此匆匆又忙忙。

稳定工作，父母康健，幼儿活泼，爱人体贴，

貌似这样的生活再抱怨，要么就是无病呻吟，要么就是"凡尔赛"了吧。

可是生活又能放过谁呢？

成长，总是悄无声息，慢慢扎心，

可能没有 18 岁的火烈、25 岁的期待、30 岁的矫情，

却是那么细无声、悄无息，

是脱落的发，增多的斑，失眠的夜，

过劳的肩，前移的颈，操碎的心，

眼角的喜，嘴角的笑，成长的得。

01 絮絮叨叨的过往

在细细碎碎的生活中，忙忙碌碌的奔波中，总会想很多，假如当时是另外一个选择的话，现在的自己是什么样的呢？

2011 年的选择跨专业，离开了模联和爱石大新媒体，在考研中度过一个人的春节和无数个 7 点和 12 点的校园，朋友们的关怀让我感动不已。

2012 年的抉择和变化，在调剂与找工作中纠结，和英语四班、308 小伙伴说再见，青春再见。

2013 年的音乐与少年，青年路的吉他摄影与蒸面奶茶，喀什小分队的每年之约，再续欢乐的校园时光。

2014 年的转换与入职，觉得自己这辈子做得最对的决定就是做了辅导

员，最幸运的事情就是做了2014级的辅导员，遇到了一群小可爱。

2015年的爱情和他，吵吵闹闹，嘻嘻笑笑，吃吃喝喝，两人都胖了几公斤。

2016年的婚姻和家庭，从一个人的宿舍变成了两个人的小家，经历了两地工作的小分离。

2017年的新生与喜悦，母亲千里来照顾我，享受了如同中学时代的待遇，皮小皮小朋友让我经历了忐忑紧张与幸福甜蜜。

2018年的学办与团委，工作上的榜样调岗，揣着心虚，硬着头皮学办团委和毕业班的齐头并进。

2019年的离别与期待，2014级小朋友毕业了，328名可爱小伙伴令我终生难忘。

2020年的疫情与挑战，总以为干过这一阵工作，可以喘口气的时候，被现实好好上了一课，被那些冲在一线的小朋友们感动着，温暖与挑战前行。

2021年的借调和体验，每份工作都不容易，与学生与青春相伴的工作很有获得感，会觉得辅导员工作是如此幸福和温暖，再次坚定2014年的想法，选择辅导员，是我这辈子最正确的决定。

10年的时光，518个字好像就说完了。

自从毕业后，朋友们再见的时间都是寥寥无几，本科的小伙伴们毕业后的见面次数屈指可数，基本都是停留在朋友圈的一个问候，随着时间的流逝，联系也越来越少；研究生的小伙伴们除了刚毕业的那一年基本也都天涯海角，很少见面。

自从结婚后，和父母的见面次数也变得珍贵起来，自己的生活好像变成了一个小小的圈，办公室，家里，两点一线，来回着，忙碌着，憔悴着，沧桑着，成熟着。

羡慕那些多才多艺的人，羡慕那些漂亮自信的人，羡慕那些坚持努力的人，羡慕那些目标明确的人，羡慕那些自律自强的人，羡慕那些游刃有余的人，好像自己在这30多年的成长中，总是在按部就班，随波逐流，偷个小懒，小安则足，总是缺少点规划、缺少点坚持、缺少点勤奋。眼看着周围的小同事们都要比自己小了快10岁，好像自己一直还是这样年年立目标年年倒的呢。

02 一直未变的改变

很久很久之前，至少 10 年前，好友就劝我说：要做一个情绪稳定的人，不要大喜大悲，总是一天把心情挂在脸上。昨天晚上，另一好友打电话时说：情绪过于冲动，确实容易过激，要保持稳定。想了想，确实是，这么多年，都没能控制好自己的情绪。

其实除了情绪之外，敏感、自卑、爱哭，这些我在 18 岁时信誓旦旦告诉自己要去改变去完善的年度目标，至今好像还是没什么变化，虚涨了十几岁。想一想，如果用 10 年时间坚持做一件事情，现在应该也是了不起的吧，半途而废的英语，高堆未拆的书本，想而未写的论文，写而未成的课题。忽然有一种错失一百万的感觉，想起一个朋友，他说，他从来不怕丢东西，但特别难丢钱，因为感觉丢的不是钱，而是这个钱同等价值的所有可能购买到的物品。

此刻的自己感觉丢了时间，丢了自己成长的无数可能性，丢掉了可能会蜕变甚至质变的自我积累。

03 未来可期的希冀

其实我并没有很喜欢"希冀"这个词，但是受 Daddy 哥的影响，是希望得到，是有事做有所目标。特别适合我这种算盘珠子拨一下动一下的懒惰，未来可期是一个学生告诉我的，和学生的故事就不赘述，总之还是那些学生工作你帮助我、我感动你的故事，当我看到她的蜕变，她告诉我未来可期的时候，我明白那是一种坚定、一种赋能。

工作至今，一直都很幸运，像我这种在电视剧活不过两集的暴躁脾气、大嗓门、情绪化的性格，遇到关心、细心、指点迷津的领导，包容、贴心、温暖的同事，理解体谅可爱有趣的学生，一直在学生工作路上前行着。

2021 年 10 月 16 日到 18 日，参加全国年度辅导员人物答辩，一直到答辩结束我都觉得是如此不真实。有心虚，有忐忑，有紧张，有安慰，有鼓励，更有的是极大的震撼。

当时认识了一个小姐姐，是去年的年度人物，低调谦虚，工作 15 年，6

次化疗，25次放疗，始终牵挂学生，作为学院党委副书记还坚持在一线带学生，用希望点燃生命的火种，用信念照亮学生的人生。面对紧张的我，给予鼓励和安慰，还帮我修改稿件，这种发自内心的善良与温暖、力量与陪伴，如果是她的学生，应该会很幸福的吧！

翻看"我是辅导员"，看着一个个在学生工作路上砥砺前行的他们，怀孕5个月深夜去医院为被车撞的学生垫付医药费，自己累到瘫倒在地；临床专业毕业，放弃去医院的机会，坚守17年，从治人病痛的医生到育人心灵的教师；工作11年，与学生写了100多万字的网络思政成果；12年坚持做一件事，"学四史""战疫情"直播网课吸引50多万人观看；10年、20年、30年的坚守，工作有方法、有温度、有思路、有成效。学生工作不是日复一日完成交代，不是机械重复，而是主动担当和有为。

那些我以为不可能的事情，我认为做不到的事情，我觉得不现实的事情，他们都在一一践行，把思政工作做到了学生的心里。

格局、视野、思路、专注、坚守，向优秀学习，向榜样看齐！

回想我改了6次、推翻6次的答辩稿，在答辩前一天晚上还在纠结。一位前辈告诉我："如果我是你，我现在就不背稿子了，在北京的寒夜走一走，反思自己的前半生到底在忙些啥，得到启示。""人们不会因为你的信仰而尊重你，人们只会因为你做过什么而尊重你的信仰。"

我翻看这位前辈的公众号文章，他当时参加全国年度辅导员人物答辩，稿子始终也是定不下来，他写到："现在稿子写不到位，是因为思想和灵魂里还有杂质""经历这煎熬之后，我感觉自己不但外衣是辅导员，连内衣都是辅导员了"。反思又反思之后的我，最后实在看不过眼之前的稿子，在答辩前一晚上10时许，把稿子又推翻了。回头想想，工作近8年，看似认真和努力，却缺少积累和沉淀；貌似刻苦和踏实，却少点思路和方法，所以才一遍遍地检讨，一遍遍地心虚，一遍遍地修改。感谢这位前辈，感谢这次答辩，感谢一直帮我改稿子的伙伴，在学生工作路上，使我醍醐灌顶，砥砺前行，希望有一天我也能告诉自己，我里外都是个辅导员了。

知不足，勇修正，常努力，就用答辩的部分内容作为34岁的结束语吧，未来可期，加油努力。

"今年是我从事学生工作的第8年，先后带过697名医学生，154名国防生，138名少数民族学生，100名定向生，现在是学院3283名学生的学办主任……学生工作是一份互相赋能的工作，是与青春相伴的使命和责任……今天我站在这里，感恩、感激与感谢，回首过往，懂得获得与值得，今后唯愿做一名有情怀的教书匠，扎根学生工作，与学生同心同向同青春，共情共鸣共成长。"

除了工作还有生活，其实工作和生活哪能分得开呢？

也是互相滋养的关系吧，工作使生活饱满，生活使工作润泽。

新的一岁开始的日子里，

爱人，爱己，爱工作，爱生活。

携爱前行，步步向阳，岁岁生暖！

生日快乐！工作快乐！生活快乐！

长大后我就成了你
——一个医学生辅导员的碎碎念

刘红勤

开始之前，想一个小问题，假如，你现在在一线，你能做什么，当然可以做的有很多，我想探讨的是此时假如你是一名一线医生，你期待的自己会是什么模样？与现在的自己做对比差距在哪里？那么，现在的你，可以做些什么，逐渐缩小差距，成为最期待的自己呢？

选择医学可能是偶然，但你一旦选择了它，就必须用一生的忠诚和热情去对待它。

——钟南山

最近一直被正能量满满感动，我的小可爱，实习生。

01 你是来检查垃圾的？

慰问学生，比较担心学生的状态和情绪，就一遍遍和学生各种碎碎念，调整状态啊，服从医院安排啊，勤洗手啊等，唐僧念咒般叨叨叨，估计学生可能是被我叨烦了，还是安慰我，还是其他可能性："哎呀，老师，你不要担心了，我们觉得挺好的，现在校园很安静，感觉挺好的呢。""老师，我今天在儿科又去看了看我的那个小点点（小病人），好开心。"今天又去宿舍看学生，学生开玩笑和我说："老师，你是来看垃圾还是看我们，是检查卫生的吧（以前我进宿舍说得最多的就是赶紧把宿舍垃圾倒掉）。"

众多玩笑话和表示感谢的话，被学生深深暖到。

乐观、积极、向上，这是医学生在面对任何突发情况都应该有的态度。

02 向前辈学习

晚上收到一个学生的一段话，一下子眼泪快进出："看着前线那么多前辈老师奋战，作为学生的我们更应该抓紧时间好好学习充实自己，向奔赴一线的老师学习，在将来的岗位上奉献一份力量。"

"学习，充实自己。为将来能奔赴前线做准备。强化自己的能力，救治更多的患者。想必前线的老师早已在千万杏林学子心中播下希望的种子，只待春暖花开时！"

好一个为奔赴前线做准备，只待春暖花开时！

奋进，拼搏，埋下理想的种子，化成提升自我的承诺。毕竟没有真本事是不行的，能力不够，再有理想抱负将来也施展不了。面对感动，选择不断充实自我，不仅仅停留在口号，不仅仅停留在感慨，不仅仅停留在羡慕和佩服，而是选择此时此刻，当时当下，更加提高自我，更加发奋图强！

充实提高能力，向前辈学习，这是医学生致敬医学一线前辈的最好行动。行胜于言，长大后，我就成了你。

03 老师，随时召唤

"老师，呼吸科挺忙的，如果有需要，随时召唤，我随时都能回去，我随时听指挥。"嘴上和学生开玩笑："你连呼吸科都没完整实习过，你能干啥呀，别给医院添乱就不错了，现在物资比较紧缺，要先紧着一线医生，咱别浪费资源哈。"心里却深深地触动，总觉得你们是孩子，总觉得还是不太懂事，总觉得还有很多碎碎念要讲给你们听，殊不知，你们比我以为的懂事太多，不是你们没长大，而是我要改变。

主动，有担当，有责任感，这是我看到的医学生最励志的模样！

此时此刻，你们体现出的担当、责任，让我高兴、欣喜、骄傲！我相信，将来你们从医学生到医生身份转变的那一刻，请愿书，志愿书，一线医生，一定会有你们的身影！

04 像前辈一样

此时此景，想起之前2014级的一个学生，毕业选择去向时说过的一句话："走，兄弟，把师哥换下来！"那是在阿里高原边防哨所工作的一名军医，那是一个又高又苦，温差又大，缺氧的哨所，师哥是从大东北到大西北，毕业义无反顾选择到最边远的地方工作。事迹被报道后，年轻的医学生知道了，发出了把师哥换下来的决心和行动。

致敬逆行者！

现在踌躇满志的你是不是也是满腔热血，为自己的专业骄傲！

我知道，此时此刻你们的感动、感慨，带给我的是同样的感动。

哪有什么白衣天使，只不过是一群孩子换了一身衣服，学着像前辈一样，治病救人和死神抢人罢了。

这身衣服，就是白大褂的重量！

"万众一心抗疫情，越是艰险越向前"，最美逆行，最美白大褂！

每个时代，都有不同的"英雄"，此时此刻，迎难而上的医护工作者，就是伟大的英雄！

现在的你们一半是学生，一半是医生；一半要全力扛起的是学习和技能，一半要学着担负的是使命和责任。

目前的你，冲不了一线，甚至没办法去治病救人，好像感觉做不了什么，但依然不能气馁，不是说等到你可以治病救人那天你就会一下子具备治病的能力和水平，不是说等到拿起手术刀再想这个病理生理药理解剖等知识点是啥、注意事项是啥，不是说等到病人需要你的时候再去翻书看文献学习病例，不是说满腔鸿鹄志但是最后陷入理想很丰满现实很骨感的自怨自艾，不是说现在的你为一线医护人员感动得泪流满面，而自己只是躺在床上吃泡面、刷剧，吃了睡睡了吃，不是说不需要任何努力长大后就能成为前辈，没有沉淀、积累、付出、学习。

像前辈一样，不仅是像现在的前辈，还要像那个曾是医学生的前辈刻苦努力、认真学习的模样。

现在的我们，埋下一颗理想的种子，日复一日地去打磨自我，提高自我，至少从现在有计划地复习看书分析病例开始，而不是晚上不睡早上不起，手机一开一刷一天，空喊口号没有行动。

现在的我们，迫切需要积累和沉淀自我，夯实基本功！

待到春暖花开时！积累冬天的力量！

长大后，我就成了你，现在的你，就应该像曾经的前辈一样付出耕耘，最后成了奋战在一线忙碌的身影，成了时刻准备着抢救病人的模样，成了人们最需要的支柱，成了你心中最骄傲的自己！

所以，现在的、可爱的、刷微信的你，是不是该去学习了呢？

最美的年华，最好的沉淀，最快的成长，最好的时间，请认真积累成长的力量！光感动是不够的！自我规划、学习、提高、提升！若干年后，能有师弟师妹看着你，感慨长大后，我也想成为你！不负青春不负韶华，不负这身白大褂！

将来有一天，你会像前辈一样，站在一线。医疗骨干，终有一天也是属于你们这批年轻人，那么，我亲爱的孩子们，你们做好准备了吗？

青年兴，则国家兴。亲爱的医学青年，请在最好的年华努力汲取能量吧！

没有小病情，没有小医生，请静下心来，不是为了考试而看书学习，请为了学习而学习，为了健康而学习！不负韶华！为健康的你我而努力，为健康的大家，为大家的健康而努力，为健康中国而努力！

所以，此时此刻的你，是不是应该放下手机，梳理下自己的规划，站在毕业的尾巴上努力查漏补缺，提升自我，从开始做一个任务清单，从开始认真看书、查阅文献、钻研病例着手。

加油，医学少年，医学青年！

好好学习，不虚度光阴。

工匠精神与学生工作
——如何成为一名有情怀的学生工作者

情怀，感情的情，怀抱的怀。

一直以来，我都觉得情怀是一个特别高大上、故弄玄虚的名词儿，看不见，摸不着，但能感觉得到。慢慢地，我发现，原来情怀才是一个人最大的魅力，才是最能触动人心的力量。但我又不明白的是怎样才能有情怀，怎么样才能在平淡的生活、琐碎的事务、日复一日同样的工作中让人感觉到不一样了呢？

我一直努力地在一次次触动中寻找着答案。

有一天，一场筹备已久的晚会马上就要开始彩排了，负责晚会的老师却意外脚腕骨折，为了不影响整体进度，这位老师挂着双拐站在彩排的舞台上，着急的时候，直接丢掉双拐单腿蹦跳工作，晚饭也没来得及吃一口，在舞台上站了4个多小时，直到彩排每一个环节、每一个细节都没有一点问题。

看着这位老师肿得已经穿不进去鞋子的脚，在场的很多老师眼睛里悄悄闪起了泪花。这一刻，这种坚持认真、精益求精、对工作高度负责的精神，深深地震撼了我。

还有这样一位老师，工作前3年，基本没有休息过一天，他将全部时间和精力都投入学生身上，关心着学生的日常，爱护着学生的内心，守候着学生的希望；由于工作在新疆，家中的父母连续8年都未曾见过他穿短袖的样子，只见过心爱的儿子穿棉衣的模样。他至今工作将近10年，两次登上辅导员职业能力大赛的最高舞台，并获得辅导员的最高荣誉，但他仍然坚持在学生工作的第一线，除了日常工作，还继续开拓，开通个人微信公众号，定时更新，积极有效地给学生指点迷津和传经送宝。

每次深夜我看微信，看到他更新的文章的时候，就会感叹：严谨、专注、敬业，在职业生涯中全情和全力付出，这种十年如一日的付出和坚守，怎能不让我敬佩和震撼？

其实，像这样的学生工作者，在我们身边，用心发现，还有很多。工作20多年没换过电话号码，怀孕8个半月仍然坚守岗位，学生有事随叫随到，用心守在学生工作的第一线。

慢慢地，在一次又一次的发现中我好像找到了答案。

终于，在一段讲话里，我找到了我要寻找的全部答案，解开了困惑已久的疑问。

那时李克强同志在十二届全国人大四次会议政府工作报告中说："要鼓励企业开展个性化定制、柔性化生产，培育精益求精的工匠精神。"

精益求精的工匠精神。

严谨、专注、高度的责任感，对工作的忠诚与坚守。

这难道不是学生工作者的"工匠精神"吗？

这难道不是学生工作者的最大情怀吗？

一名拥有工匠精神的学生工作者，就是一个有情怀的人。

因为，工匠精神不仅是一种对职业的忠诚、工作的坚守，更是对美、对爱、对生活的极致追求，同时，也是对自我价值的最高要求和挑战。

师者，传道，授业，解惑也。旧时，称师者为教书匠，我想，那应该也是怀着匠人之心的吧。唯愿自己在以后的生活中也能做个有情怀的教书匠，沉浸在专注、认真和挥汗如雨的光阴里，享受学生工作本身所带来的幸福。

偶尔，有种辞职的小冲动

这篇文章删删减减，总觉得出现在这里有些不合时宜，但这也是成长中的一部分，曾经的纠结困惑，如有对号入座，纯属巧合，所谓过往，无谓好坏，成长的痕迹，如实记录。

01

32岁，不小的年纪了，自以为是后浪，其实已经是前浪，莫名开始回忆，回忆青春，回忆曾经的梦想和未曾实现的渴望。

有人说："辅导员在高校是被边缘化的群体，没考上之前向往，考上之后想逃。"

有人说："辅导员，我每天去上班就是批假条，所以辞职了。"（我一直想知道是哪所学校，招个辅导员就是为了批假啊？）

有人说："嗯，辅导员，干啥的呀？"

有人说："辅导员，保姆？保卫？消防员？心理咨询师？职业生涯规划师？求职创业导师？"

有人说："我一天天都见不到我的辅导员，不知道在干啥。"

有人说："你这学生怎么回事，辅导员是谁，电话多少？"

这个有人说，无从考证，

无具体来源，无特定人，

但总在流传，

总是在撩拨你，

深夜查宿的疲惫，

身心俱疲的劳累，

突发事件的心碎，

或许还有的责备，

无从诉说的狼狈，

力不从心的憔悴。

于是，

急需寻找缺口的你，

内心腾出一个小火苗。

"辞职吧。"

然后呢？所以呢？第二天呢？

抱怨依旧，琐碎依旧，生活依旧，有可能重复依旧。

工作 6 年，收获满满，满满的脂肪和肥肉，当然也有其他。

02

最近一直和大学同窗好友沟通关于未来的可能性。

无数个蠢蠢欲动，无数个雄心壮志，

无数个踌躇满志，无数个完美规划。

当年找工作的无数可能性，都冒了出来，

如果那个时候我进了公司是不是会不一样？

如果我自己创业会不会更好？

如果我当时去了大城市会不会怎样？

未知的可能性和选项，刺激着这簇不停闪烁的小火苗。

抱怨掩盖了理智，厌倦压抑了客观，

说不定，

现在在公司被开掉的就是自己呢？

创业失败还带外债的就是自己呢？

大城市满目繁华却无一蜗居处所呢？

这个也可能是现实。

当初选择的时候也是欢喜雀跃的呀。

试想，哪份工作可以一蹴而就？

哪份工作可以不付出就有收获？

哪份工作生来就是台上聚光灯不需台下十年功？

哪份工作就是轻而易举，薪资待遇和人生价值都唾手可得？

这一份工作，没干好。

下一份，另一份，可能都是。

问题会因为换工作就解决吗？

说走就走的勇气都有，说辞就辞的机会都有，

那么说不干就不干的能力是否有？

如果换工作能解决自己工作能力不足的问题，

估计大家换的工作平均次数可以绕地球十圈吧。

自己不断地也在劝自己。

辞职的想法是出于想摆脱局面的宣泄还是确实考虑清楚后的决策。

脑子里两个小人在打架。

渴望换种生活方式，

但总不能抱怨式或者不负责任式地逃走，

至少也得是深思熟虑后的考量，

也是自己这份工作中确有成长和收获的思量，

也是自己无愧于这份工作的心安理得，

是无数个今后不干辅导员工作之后想起那几百双曾经看着你的学生的眼睛的时候，

是满足的、欣慰的。

03

同样的工作，也会有诸多可能性。

迷茫的可能是规划，

缺失的或许是动力，

动摇的或者是状态，

疑惑的或许是能力，

向往的可能是成长？

每一个今天都曾是昨天的渴望，

任何一种问题都会有至少三种解决办法，

换工作也许是，那其他方式呢？

作为一个妈妈，养家糊口是责任，

作为一个妻子，呵护小家是义务。

作为一个辅导员，守护学生是使命。

静下来，慢下来，稳下来，看看书。

停下来，安下来，弯下来，打个结。

理一理思路，想一想方法，做一做规划。

你看不看，花依然开，你闻不闻，花依然香。

你看，花儿从来不急不躁，按时开，按时落。

不拖泥带水，不自乱节奏，不抱怨："为什么我不是一棵树？我为什么没有长在花园里？"

都挺好的，自己的选择，自己负责，

好好干，不忘记，自己为了什么而出发。

不立目标，容易倒，留在心里，慢慢磨。

不疾不徐，慢慢来，一切都是最好的安排。

不骄不躁，好好干，一切都是成长的未来。

青春见证
——共青团工作回忆

2020年1月10日，学校团委组织新老团干交流会。回娘家的感觉特别好，从一进门开始，小伙伴的笑脸和掌声，就特别感动和惊喜。这份感动和怀念属于共青团，共青团见证了我从一个懵懂无知的学生到学生工作者，从一个单身姑娘到孩子妈妈，见证了我所有的青春与汗水，与梦想、与奋斗有关的日日夜夜。

我是2014年入职，2015年开始共青团工作，2019年7月转岗。依然还记得，5年前的那个3月，学院发布团委书记应聘通知的时候，我的前辈老师与我谈了5小时，反复强调了一句话"小姑娘，你要考虑清楚"，他告知了我共青团工作要面对的责任、忙碌、压力、挑战、付出等问题。我郑重地思考了一晚上，毅然选择第二天递交了报名表，竞争非常激烈，除了我一个女生，其他都是男生，最后也算是有惊无险，我成功地加入了共青团的大家庭。回忆5年的共青团工作，有4个关键词。

01 第一个词：害怕

刚接手工作，面对学院3000多名共青团员，我如履薄冰，战战兢兢，特别担心工作做不好，特别担心学生失望，担心领导找我谈话，每做一件事都要小心思考，反复掂量。最害怕的就是举办校级活动，害怕面对一群学生讲话，害怕邀请领导，害怕闹笑话，害怕搞不清楚理论，和同学说错话，害怕学生不配合。

这种害怕，就是心里没底，自身迷茫、摇摆、不清楚，自己不知道工作要干什么、该干什么、怎么干、如何干，自己对自己没有概念。我不会唱歌，不会跳舞，没有任何特长，初出茅庐的我经常会在优秀的共青团干部中感到迷失和自卑，迷茫也是常态。感谢大哥，手把手地教我，让我逐渐克服这种恐惧。

02 第二个词：认真

共青团工作是有使命和责任的，是不进则退的，带着这种害怕和自卑，没有其他，只有认真。

所以每次工作我都格外认真，不知道的就多问，不清楚的就多查，不明白的就沉下心来弄明白。

5年的共青团工作，留给我的不仅仅是回忆，更是成长、收获、沉淀和积累，是共青团小伙伴那种每次相见只有你懂得的默契与友谊，是在大型活动组织策划中锻炼出的全面与稳重，是面对任务深夜一次次修改完善的精益求精，是友情胜似亲情的大哥和兄弟姐妹，是有情绪、有压力崩溃大哭后的坚强与镇静，是手把手带的学生干部毕业后隔着电话线带来的感激与祝福，是优秀共青团干部思想碰撞带给你的创新和启迪，是一种原来自己还可以这样尝试与挑战的自信与激情，更是一种新的人生格局和视野以及自我的蜕变与成长。

03 第三个词：忙碌

"忙"是我们很多学生工作者的生活状态，忙碌的日子里，如何平衡好手头的各项工作很重要。我2015年被任命学院团委书记的时候一直还带300多学生。除此之外，我还担任过学院的工会委员，学生党支部书记，协助过学院精神文明建设，党建等业务工作。你若问，忙吗？忙，你若问，累吗？累！你若问，发钱么，我说不发。你若问：后悔吗？我可以肯定地说一点都不后悔。工作可能是安排下来的，但没有白干的活，本领是长在自己的身上的，学会的东西是攥在自己手里的。这是我的大哥教会我的，传递给我的接力棒。

我们可以忙，但不能废，立足本职工作，学会学习，漫漫人生长河中，我们想不到的事情太多了，但我们能想到的是凡事必有因果，自己在忙碌的生活中要理出思路、重点、条理，今天我们流下的汗水必定浇灌了未来自我蓬勃的一颗种子。

我们可以吐槽、抱怨，但不能停止自己的进步和成长。

共青团带给我们的是使命和责任，是信念和担当，学生可以阶段性迷茫，我们不可以。共青团是什么样的？共青团干部是什么样的？学生不清楚，但学生有眼睛，有耳朵，有鼻子，他可以从你身上看到、听到、闻到。我们承载了一个学院的共青团员的教育引导使命。

你是什么样，学院的共青团工作就是什么样，学生可能看不到校团委，但能看到的，一定是你，这个无论我们是专职、兼职，团委书记我们可以是兼职，但生活是专职的，教师身份是专职的，我们可以有无数个理由，但学生的成长，大学生活只有一次。

04 第四个词：传递

一路走来，所有播撒过的种子就是我们未来要仰仗的大树，所有读过的书会成为自身的气质。

这是共青团工作教会我的，大哥传给我的，我传递给大家。

没有应付就好，必须认认真真，没有理所应当，必须火力全开，没有尽力而为，只有全力以赴，相信自己，在共青团工作的舞台上，你会发现和成就不一样的自己。

感恩共青团，教会我成长、蜕变，爱与责任，让我们一起努力，祝我们学校共青团事业越来越好，红红火火，蓬勃向上，共青团干部是会发光的，是人群中最闪亮的，祝福在座的各位新的一年火力全开，成为更好的自己！

不忘初心——种下爱的种子，收获一片阳光

滕婉蓉

前不久，CCTV 焦点访谈报道了这样一位人物：他在上大学的时候，立志做一名辅导员，帮助学生更好地成长成才，30 多年的岁月，他从一名普通辅导员做到省教育厅副厅长、正厅级巡视员，可是随后他辞去了官职，他对部长说："我还有 4 年要退休，让我走吧，我想要圆一个梦想，我要回学校当辅导员，带一届完整的学生。"这是来自他的心声，正如他所愿，弃仕从教，回归初心。他的名字叫曲建武。"归零"是他的选择，是他对辅导员这份荣光与梦想的执着，对他而言，工作 30 多年，初心始终未变，最幸福的事莫过于和学生们在一起，用关爱学生的情怀深深影响着学生的成长成才。

不忘初心，选择仁爱。

最近，网上有一段很火的视频，来自河南师范大学拍摄的年度最暖人辅导员微电影《因爱坚守》，影片中，辅导员每天忙碌不息的身影，疲于拼命地奔波，但关心却换来了抱怨和指责，当把更多的时间给了工作，把更多的爱给了学生，却不曾察觉，亏欠家人的太多……这是辅导员的真实写照，到底是什么让他们坚守？兴许是来自学生的问候、家人的支持、领导的关怀，一如既往地付出，在千万学子的身后，为他们默默守护，不经意间，总有一些事情会温暖你。不忘初心，选择坚守。

从他们身上，我似乎看到了辅导员于平凡之中的那份仁爱与责任，那份执着和坚守，也读懂了初心的意义。很幸运，毕业后，我留在了高校，成为一名高校辅导员，新的工作岗位给了我感受魅力青春、参与学生成长成才的机会。"我时不时在问自己，辅导员是干什么的，'辅'学生成长，'导'学生成才，'圆'学生梦想。看似平凡琐碎，却又心潮澎湃。不忘初心，青春陪伴，耐得下性子，沉得住气，时光打磨，再苦再累，依然笑得灿烂。愿成就了你们，便成就了我的梦。"这是我在去年 10 月 31 日的凌晨在空间里发表的状态。学生们纷纷点赞，速度回应，一句句"老师，您辛苦了！"让我

倍感荣幸和温暖。

　　学生与我之间的温暖故事还有很多，就在青春的陪伴和岁月的洗礼中，让我更加坚定信念，更加坚守初心。当我家访归来，下火车第一时间奔赴学生住院现场，关切学生，嘘寒问暖，看到学生感动的目光时；当宿舍发生矛盾，人际关系紧张，我第一时间冲进宿舍，调解矛盾，化解隔阂，事后看到学生发来百字感谢短信时；当指导学生发言稿，逐字逐句帮助修改，一遍一遍操作演练，看到学生从紧张不安的焦虑到台上的自信大方、侃侃而谈时，我觉得这一切平凡的坚守都是值得的。用青春陪伴青春，用已知探索未知，用未知的美好激励当下，用理想的力量影响现实，我想这便是我的初心所在。

　　其实，我只是千千万万辅导员中很普通的一员，立德树人守正道，春风化雨润无声，我相信这是你和我的共同初心。我愿意坚守辅导员的初心，在学生成长成才的道路上种下爱的种子，收获一片阳光。

撸起袖子加油干——以梦为马，不负韶华

滕婉蓉

我一直以为辅导员是一份有梦想的职业，当我选择做辅导员的那一天起，我就知道我的这一生注定与梦想牵连。辅导员工作烦琐而艰辛，要干好它实属不易，如何干？怎么干？我选择撸起袖子加油干，做一个有温度、有情怀、有责任的辅导员，不求回报、敢于创新、真抓实干，以梦为马，情系学生，在学生青春成长的道路上为他们保驾护航。

01

不求回报，做一个有温度的辅导员。在学生的眼中我有很多称号，是他们的老师，是他们的导员，是他们的姐姐，是他们的朋友。有一个少数民族学生，上过内高班，因汉语不好，有两年复读的经历，好不容易考上梦寐以求的大学，然而语言的障碍让他在大一第一学期就挂了几门专业课，得到了学业预警。他特别痛苦，用绝望的眼神望着我，操着不是很流利的汉语跟我说他不想放弃学业，寻求我的帮助。当我得知他的学习问题时，第一时间帮他购买了维汉词典，多次与他谈话，帮他建立帮扶对象，鼓励他与同宿舍的汉族同学多学习、多交流，每一次考试前夕和考试过后我都会第一时间了解他的学习状态，不断帮他树立学习信心，当得知他以540分的高分通过大学英语四级考试时，当得知他的补考课程全部通过时，那一瞬间，我感到无比欣慰与幸福。我想，这种有温度的关心和不求回报的关怀，有时就像润物无声的细雨渗透到学生心中，它会幻化成一种力量，帮助学生照亮前行的方向。

02

敢于创新，做一个有情怀的辅导员。我是一名"90后"辅导员，我的学

生同样也是"90后"，当"90后"遇上"90后"，会碰撞出怎样的火花与激情呢？这是一个网络盛行的时代，如果只有与学生线下的互动和交流是远远不够的，耗时耗精力，有时甚至事倍功半，效果不佳。我时常在思索着如何利用网络进行思想政治教育，带着这份情怀大胆地去创新探索，自己率先开通微信电台"小兔有话说"栏目，定期为学生通过电台的方式传递心灵鸡汤，为学生答疑解惑，让更多的学生通过网络汲取一份心灵营养。当然，毕竟我一个人的力量是有限的，于是我不断挖掘学生人才，成立年级新媒体小组，组建年级微信、微博、易班等公众平台，鼓励学生将日常的学习、生活、工作通过新媒体平台更好地展示出去，通过网络传递出去，形成了一个网络正能量圈，学生参与多了，喜欢做了，愿意看了，各方面的积极性也就提高了。我想，这种情怀和敢于创新的精神，同样会感染到学生，激发出他们自我管理、自我教育、自我服务的意识，不断帮助学生更好地成长成才。

03

真抓实干，做一个有责任的辅导员。学生干部是学生和老师之间重要的桥梁和纽带，如何抓好学生干部发挥好他们的作用，一直以来是我工作中最为关心关切的一部分。我所带的有十个班级，学生层次不同，班级类型多样，既有普通班，又有国防班，还有民班，以及定向班。针对不同班级，我采取"一横一纵"双管理，定期召开学生干部精英沙龙，学生干部之间相互交流工作经验和方法，以及管理班级中存在的问题及解决措施，通过促进交流的方式，激发学生干部之间形成比学、赶、帮、超的良好氛围。对于学生班级纵向管理，加强对学生干部进行培训，帮助不同班级制订班级学期目标计划，促进各班逐步形成自己的班级特色。我想，对学生干部的培养多一些责任和耐心，以情感情，以身作则，会深深地影响他们，帮助学生干部不断增长才干，提升素质。

成为学生人生导师和知心朋友的路上，我们每一个辅导员都不曾停歇，我只是其中平凡的一员，但我从事的是一份有梦想的职业。路漫漫其修远兮，让我们一起，以梦为马，不负韶华，在辅导员工作中撸起袖子加油干！

不忘初心，牢记使命，让信仰点亮人生

滕婉蓉

一次新乡先进群体的党性教育的培训，让我受益匪浅，带给我更多的是震撼、是感动、是温暖，一次次热泪盈眶，一次次心潮澎湃，仿佛"新乡先进群体"的优秀事迹依然回荡在耳畔，内心泛起层层涟漪。结合自身学生党支部书记和辅导员的身份，有以下几点体会。

01 奉献与责任

无论是"最美村官"裴寨村裴春亮书记"群众不富誓不休"的信守承诺，舍小家为大家，带领群众一起奔小康的无私奉献精神，还是人民的好干部史来贺老书记，几十年如一日，心系群众，挑起带领全村人治穷致富的使命与责任，看到的无不是共产党人践行着全心全意为人民服务的宗旨，他们始终把"人民对美好生活的向往，就是我们的奋斗目标"作为前进的不竭动力。而作为高校辅导员的我们，面对的是学生，做的是铸魂育人的工作，更要有高度的责任感和奉献精神，心系学生的成长成才，用一颗责任心、细心、爱心与耐心，与学生同伴同行，用爱阐释辅导员的温度，引导广大青年明大理、识大势、知大任、养大德，自觉为共产主义远大理想和中国特色社会主义共同理想而奋斗，始终将培养担当民族复兴大任的时代新人作为己任。

02 理想与信念

依稀记得现场教学中那惊心动魄、刺激与惊险的回龙挂壁公路，我当时就在想那究竟是一种什么样的胆识与魄力，能够在垂直高度近200米高的红岩绝壁上凿开一条隧洞，让很多人认为几乎不可能实现的隧洞成为现实？究竟是一种什么样的力量去支撑共产党人一次次面对艰难险阻，挑战无数个不可能？在听完"当代愚公"张荣锁书记进行回龙发展历程的讲述时，我似乎从他坚定的眼神与诉说的故事中找到了答案，那便是身为共产党人的理想与信念，心中始终以党的利益为重，始终从人民利益出发，正如习近平总书记所说的那样"为中国人民谋幸福，为中华民族谋复兴是共产党人的初心与使命"。高校辅导员是开展大学生思想政治教育的骨干力量，与学生直接面对面，对学生的成长成才产生重要的影响。作为立德树人最前沿的工作者，辅导员的初心和使命是什么？这份初心和使命从哪里来？我们又应该怎么做？在我看来，辅导员的初心源于"历史的期盼"，更源于"时代的召唤"，做好党的青年学生工作，团结凝聚青年大学生坚定自觉地听党话，跟党走，这是我们的初心；培养一代又一代又红又专、德才兼备、全面发展的社会主义事业建设者和接班人，培养能够担当起民族复兴大任的时代新人，这就是我们辅导员的使命。在我们的日常工作中，常常会遇到这样或那样的问题，尤其是在学生思想和价值引领方面，能不能让学生在各种思潮中作出正确的选择，就要看我们辅导员能不能讲好故事、讲好中国的故事、讲好中国共产党的故事、讲好马克思主义的故事，用鲜明的立场、真挚的情感以及有温度的情怀将思政工作入耳入脑入心入行。

03 奋斗与青春

习近平总书记在今年纪念五四运动100周年大会上曾说："奋斗是青春最亮丽的底色。"是呀，民族复兴的使命是要靠奋斗来实现的，人生理想的风帆是要靠奋斗来扬起的。青春，与其说是生理年龄，不如说是一种精神状态。我们看到了像陆士桢教授这样一心一意做教育，将毕生的心血放到了关心青年、关爱青年、研究青年，时刻用社会主义核心价值观帮助青年把牢航向；我们也看到了像"时代楷模"曲建武老师这样一生只做好一件事：用心用情做好辅导员，将辅导员工作做成一门艺术、一门学问，在学生心中树立一座不朽的丰碑。他们的故事都与奋斗与青春有关，无奋斗不青春，作为辅导员的我们，我们曾经、现在、将来始终是青年，更是青年人的领航员，我们恰逢其时，正与中国梦结缘，与新时代同行，用青春之理想，青春之活力，青春之奋斗做好学生的榜样和引路人。

有时候，我特想把我们比喻成"学生工作的一线战士"，我们有一个响亮而自豪的名字：辅导员！"辅"学生成长，"导"学生成才，"员（圆）"学生梦想。成为学生人生导师和知心朋友的道路上，每一个辅导员都不曾停歇，我只是其中平凡的一员，但我从事的是一份有梦想的职业。用青春陪伴青春，用已知探索未知，用未知的美好激励当下，用理想的力量影响现实，这是我始终不变的信仰。我愿意坚守辅导员的初心，牢记辅导员的使命，在学生成长成才的道路上，让信仰点亮人生。

第三篇
与青春对话

写给我最亲爱的 2014 级小伙伴

刘红勤

5 年，今天就要画一个句号了。

6 月 9 日的级会终变成了记忆中的最后一次。想到就很心酸，总觉得还要再说点什么，总想把所有的人生经验和智慧都给予你，总觉得自己还没表达好，总想把所有的感情都说给你听。

01

5 年，太多的严厉，太多的要求，太多的批评，太多的不要这样不要那样，太多的遗憾，如果时光可以重来，是不是可以做得更好，更能照顾同学的感受，更能找到合适的处理办法，更好地指点迷津，更好地解疑答惑，更好地温暖大家？

回想自己，做你们的辅导员老师，可能是我目前最大的成就，也是除了上小学之外坚持最久的事情。

作为老师，我想说，今后的日子无论何时何地，坚持原则，守住底线，不忘努力，保持客观，带着乐观，把任何一个坎都作为通往新生活的大门。门槛没过去就是槛，过去了就是崭新的门。5 年辅导员，终生深情，以后的日子里，有困难依然可以找辅导员。

02

作为朋友，我想说，从大一到大五，你们一个个都更帅和更漂亮了呢。新的开始，放下浮躁心，放下虚荣心，放下骄傲心，用一颗平常心，走平常路，在看起来很平常的如流水般的日子里坚守，会遇见不一样的自己，终会将平如小河流水般的日子过成属于自己的大海远洋。

作为姐姐，我想说，爱你们，爱你们怎么都爱不够。想到所有的人，所有曾经严厉批评过的人，我的内心依然不平静，也在想会不会伤害了你，也在反思会不会没表达清楚，一遍一遍回想会不会让你理解错意思，也会想你能不能明白，我是对事不对人，想让你切实在可塑性最强、精力最旺盛、性格最冲动、改变最容易的年纪和时光更好地打磨自己，知道什么可为，什么不可为，知道自己心中对自己的期许，不负自己，不负青春。

作为你们的"头号大粉丝儿"，我想说，你们最棒，最棒，最棒！所有人都最棒，暂时有些小遗憾的小伙伴也要加油成为更棒的自己，人生路很长，记得后续时间抓紧补上，赶上行程。一个个实习回来我都快不认识了，都是那么的帅气和漂亮。希望你们在以后的日子能更自信，更爱自己，更好地去爱他人。

03

写着写着，感觉无论作为什么，都是满满的辅导员的味道。目前的你们人生中遇见过很多老师，我只是其中非常非常渺小之一，或许若干年以后，你们连我的名字都记不起，当然现在还把我名字写错的同学我就不说啥了。但你们是我而立之年里唯一的学生、唯一的遇见。

谢谢 5 年能做你们的辅导员，感激遇见，感激成长，感激每一个人。

谢谢你们虽吐槽虽抱怨，但见到我依然大声地寒暄、问候、微笑、关心。

谢谢你们在我加班时的嘘寒问暖，谢谢你们在节日里暖暖的祝福，谢谢你们在每次生气发火时，先考虑我的感受让我别生气，谢谢你们 5 年 1500 多个日日夜夜的陪伴与支持，谢谢你们在点点滴滴日子里给予的感动，谢谢 5 年这么拼搏努力的每一个"临床 14"小伙伴。

谢谢你们。

每一个人，都是"临床 14"不可或缺的一部分。

以后的岁月里，不渴望常联系，但求再见依然如故；以后的时光里，不奢求永不忘，但愿回忆起是幸福；以后的日子里，不期盼皆如意，但祝福勇敢面对。

爱你们，"临床14"小伙伴，爱你们的青春活力，爱你们的暖心体贴，爱你们的积极乐观，爱你们的真实善良，爱你们的善解人意，爱你们的5年遇见！

遇见你们，遇见人生最美的时光！

遇见你们，遇见温暖，遇见善良，遇见真诚。

纸短情长，唯愿成为期待中的那个自己！

回望来时路，初心犹还在，且看未来路，梦想不放弃。

你就是你，不一样的自己，更好的自己，心中渴望的自己，自己期盼模样。

来日话家常！

一辈子，一生情。

致2020级新生的一封信

医学院2020级全体新生：

杏林春暖人，永恒医者心，相欢迎君来。

祝福你们，走上这漫长、艰辛而又神圣、幸福的医学之路。

在接下来的4年或5年中，我们将和你一同感受斑斓的青春大学岁月。

宋代大家范仲淹曾立志"不为良相，则为良医"，可见悬壶济世的医者之重。在医学大门开启之前，请同学们思考几个问题——为什么学医？医要怎么学？要成为怎样的医者？

01

一是为什么学医？

杏林暖春、悬壶济世、妙手回春……

新冠疫情发生以来，全国医务工作者白衣执甲、逆行出征，同时间赛跑，与病魔较量，筑成护佑人民健康的钢铁长城，用实际行动践行了"敬佑生命，救死扶伤"的崇高精神，赢得了至高的尊重。

你，是否思考过为什么学医？

如果说就业好，还可以有很多专业可以选择；如果说收入高，可能真的不像外界想的那样；而且，职业压力大，工作强度高。学医应是一种发自内心的渴望，应来自对生命的敬畏和悲悯，这是学医最根本的动因。你，准备好了吗？

学医将使你们拥有仁爱情怀、优雅气质，造福百姓苍生，也惠及家庭和亲朋。钟南山曾说，选择医学可能是偶然，但你一旦选择了，就必须用一生的忠诚和热情去对待它。待你踏入学医之门，希望你能真诚地举起右手大声宣誓："健康所系、性命相托！我志愿献身医学，热爱祖国，忠于人民，恪守医德，尊师守纪，刻苦钻研，孜孜不倦，精益求精，全面发展；我将竭尽全力除人类之病痛，助健康之完美，维护医术的圣洁和荣誉；我将救死扶伤，不辞艰辛，执着追求，为祖国医药卫生事业的发展和人类身心健康奋斗终身！"

请努力将这一切成为你一生的忠诚誓言。

02

二是医要怎么学？

十年树木，励志成才。

昔日寒窗苦读，今朝独占鳌头，十年磨剑三日锋，步入医学殿堂。

关于"轻松"的谎言——你的高中老师和父母很可能曾不止一次地告诉你："高中辛苦 3 年，只要上了大学，就能轻松了，想怎么玩就怎么玩，再没人管你了！"

而你，是否思考过学医要怎么学？

如果想图轻松，学医是大学课业负担最重的专业之一；如果想混及格，人命关天可来不得半点马虎。你们做好精进学业、发奋读书的准备了吗？你们做好较长学制的学校教育和终身学习的准备了吗？

你一定不想在毕业时，拿着空无一物的简历，才悔之晚矣地发现：真相是人生任何阶段都需要学习，不可以想着偷懒。希望你记得自己初、高中时流下的泪水与汗水，人生的路途是永不停止的，懈怠永远是一剂毒药。

业精于勤，荒于嬉。

所有自律路上偷过的懒，最终都会变为成功路上的坑。人生中一件最可靠的事就是努力，越努力的人越幸运，人们常说："吃得苦中苦，方为人上人。"

青春年少，或许只是人生中的寥寥几笔，但必当是我们人生中浓墨重彩的一笔。踏实学习，潜心修炼；积极参与社会实践活动，勤练医学技术；不落后于同龄人，不落伍于时代；练就一身过硬的内外看家本领，方是重中之重！

吾十有五而志于学，青春须早为，当有鸿鹄志。

三是要成为怎样的医者？

少年智则国智，少年强则国强，功崇唯志，业广唯勤。

现在是最好的时代，大国崛起、民族复兴，中华文明古国泱泱五千年的历史与文化，能够彰显自己的力量与气质；继往开来、火尽薪传，承接中国梦，这是绽放青春最好的方式，更是时代赋予青年大学生的历史使命。

年轻的你，要成为怎样的医者？

从事医学职业者，可分为大医、良医、庸医、恶医。大医精诚，怀赤子之心，忘我利他，救死扶伤；良医仁厚，对病人感同身受，尽己所能，施行仁术；庸医无为，不学无术，敷衍塞责，贻误生命；恶医无德，唯利是图，草菅人命，严重败坏医者形象。虽然医患纠纷严重，伤医事件频发，即便在这样的环境下，你仍要怀怎样的道德，树怎样的目标，做怎样的医者？

一位抗疫一线的医生写下《若我归来》，在此截取部分片段与您分享：

若我归来，请不要为我做什么接待。只想回家好好地睡上一觉，睁开眼后，自己还在。

若我归来，请不要为我做什么安排。只想在接着上班的时候，和同事们打个招呼，就当出差回来……"挽狂澜于既倒，扶大厦于将倾。"来不及那样细想；"苟利国家生死以，岂因祸福避趋之"，谈不上这样伟大。时代让平常的我，遭遇了疫情，遇见了国殇，杏林中人责无旁贷，我无悔地走上前线，敬业、救人、报国，这是父之言训，母之叮爱，一切都是理所应当……说好的我不哭，花也不哭，在樱花树丛的浓郁中，找个无人处摘下帽子，让它们看看我无法无天的样子，是不是跟长发飘飘的从前一样可爱……若我归不来，也如归来一样；倒下的是躯体，站立的是永爱！

面对追问，你们想好了吗？打算如何用这几年的大学时光，负责任地回答好这几个最基本的问题。

走进大学，你们拥有了一个更大的舞台，有无数未知的可能。离开父母和家庭，所有的一切都要自己面对。在学习处理好与同学的关系、处理好自己的学习和生活的同时，静下心来，对自己的定位和未来展开独立思考，有个比较系统的规划，对大学生来讲更加重要。

激情与梦想同在，压力与挑战并存。希望同学们心中有梦想、肩上有担当。这梦想是民族之梦——中国梦，是专业和职业之梦——医学梦，是个人与家庭之梦——幸福梦。有梦的青春更激扬，有梦的大学生活更绚丽。同时，要有把梦想变为现实的担当，勇于负责任，能够脚踏实地，从每一天做起。

希望同学们涵养仁爱之心，加强品格锻造。"德不近佛者不可为医，才不近仙者不可为医。"医术需要不断学习和实践，而医德是医术的温度，这样的医术才是仁术。选择医学，意味着你们将始终站在道德的制高点上，灵魂接近于天使，心胸接近于佛祖。

希望同学们勤学善思、精进业务。继续保持高考时的拼搏状态，努力学习基本理论，勤于训练基本技能，更要学会发现问题、分析问题、解决问题的本领。未来临床问题的解决，需要有扎实的知识储备和过硬的技能为基础，还需要有系统缜密的临床思维。

希望同学们加强人文修养、提高综合素质。医学是科学与人文的完美结合，需要多学科的精神滋养。有人说大学是一场修炼，校园里有无数个人提高的机会和可能。培养广泛的兴趣爱好，身心得到全面发展。当离开校园的时候，蓦然回首你会发现，原来自己还可以如此精彩而出色！

再次欢迎大家来到石河子大学医学院，在这里，青春与梦想将共同绽放，助你抵达诗和远方的桥梁。

来到石河子大学医学院，见证最好的自己。

"五四"青年节送给医学生的一封信

滕婉蓉

亲爱的临床医学2016级同学：

你们好！第一次以这种写信的方式与你们见面，我们相处快两年了，你还好吗？

有个问题还是忍不住想问问你，为什么会选择学医？你们热爱你们的专业吗？你们喜欢当名医学生吗？你们还会坚持学医的梦想吗？

近两年的学医生涯填充着你们大学生活的点滴，有时缤纷，时而绚烂；有时迷茫，时而困惑；有时成就，时而获得；有时疲惫，时而艰辛。是啊，学医好难。是啊，学医必须难。

当你们踏入神圣医学学府的那一刻，当你们举起右手庄严宣誓的那一瞬间，当你们脱口说出"健康所系，性命相托"的那一句，当你们身着白大褂被旁人肃然起敬的那一秒……你们知道吗，仅仅20岁出头的你们，已经肩负起医学光荣而神圣的使命，你们身上所承载的不仅仅是想学医将来当医生的梦想，更是整个民族和国家健康的希望！当你们在踌躇满志、尽情地畅游在医学知识海洋中汲取知识的力量时，当你们在挑灯夜战，将好几本几百页蓝本书一点点地读薄再读厚，画满圈圈点点反复记忆时，当你们在做实验，奋笔疾书记录每个实验报告的数据和细节时，你们知道吗，你们认真奋斗的样子真的最好看，你们所有的付出和努力，是为了将来能够救下更多的生命。

医者不自医，一个想要更好学医的人，必须以悬壶济世之心投身医疗卫生事业，忠于祖国，忠于人民；一个想要更好学医的人，必须志向远大，心胸宽广，拥有仁爱之心，立鸿鹄志，做奋斗者；一个想要更好学医的人，必须脚踏实地，求真务实，求医学真学问，练医学真本领；一个想要更好学医的人，必须精益求精，勇往直前，追求卓越，知行合一，做实干家。

亲爱的小伙伴们，选择学医，可能是偶然，但你一旦选择了它，就要用一生的忠诚和热情去对待它。当你在学医的道路上有困惑、有茫然、有心冷、有痛苦，甚至有自怨自艾、妄自菲薄的时候，请不要害怕，更不要气馁，请你坚持，请你奋斗，请你坚信，因为你正在攀登医学高峰，你每走的一步将是你离山顶更近的一步，我相信，当你会当凌绝顶的那一刻，你会看见更美丽的风景。

青春是用来奋斗的。人的一生只有一次青春。"要知道，春天的道路依然充满泥泞"，没有哪一代人的青春是容易的。只有在年轻的时候奋斗过、奉献过，绽放过青春光芒，才能在以后回忆的时候自豪地说："不因虚度年华而悔恨，也不因碌碌无为而羞愧"。

值此"五四"青年佳节之际，我想引用习近平总书记对青年殷切希望的那一句结尾："广大青年应该在奋斗中释放青春激情、追逐青春理想，以青春之我、奋斗之我，为民族复兴铺路架桥，为祖国建设添砖加瓦。"无奋斗，不青春，愿你归来，仍是少年！青年节快乐！

活出自己喜欢的模样——致大三

滕婉蓉

同学们，今天我们不谈工作、不谈事务，只想跟你们谈谈心、聊聊天。

很多人在看到课表的那一瞬间，是不是有一种想哭的感觉，那种压力不费吹灰之力扑面而来，有些人开始焦虑、开始着急、开始懊悔、开始恐惧，甚至开始觉得时间过得好快呀，自己怎么一不小心就变成大三的"老壳子"了，感觉时间不够了。甚至还有好多人有开学焦虑症，不光你们有，我也有。这种状态，很正常，因为你们长大了。

想问问各位，还记得自己两年前报到的样子吗？还记得刚上大学时候的模样吗？短短两年时间，你经历了什么？可能有情感，有荣誉，有失败，有冷眼，有矛盾，有欢喜，有泪水，有挂科，有奖学金，有痛苦，有委屈……

大三更多地来讲是一个岔路口，是我们每一个人人生抉择关键的岔路口，而这个岔路口是通向你对未来的思考，无论你做出什么样的抉择，都是要为自己负责。大学本来就是个优胜劣汰、适者生存的社会，再不是小升初、初升高那种顺其自然的无忧无虑。在大三这个关键的岔路口上，各位，有没有重新扪心自问："我上大学到底是为了什么？"这可能是你在大学中不断去思考的一个问题。而回答这个问题的同时，你到底想要什么，你想成为什么样的人，这件事情我认为更重要。我想问问各位，你觉得你喜欢你的专业吗？有些人上到大三可能对自己产生了质疑，甚至有些人对专业有厌恶之感，但是无论你是否真心喜欢，你都应该明白，大学只是给你一个平台，培养一种思维，接受一种训练，建立一个原点；你都应该明白，无论你喜欢不喜欢，你都不可能轻轻松松地厮混剩下的3年，一个连及格都做不到、连毕业证都拿不到的学生，如何向将来的事业和职场证明自己具备最基本的学习能力？

有些人说，我觉得自己做得不够好，不知道为什么，我明明也努力了，但是就是没有达到我想要的结果，我甚至开始后悔，开始害怕，开始恐惧。同学，你这是一种自我逃避，逃避归根结底是自我定位偏离了。这点又算得了什么，就算我挂了很多课，就意味着我是个失败的人吗？就算我拿了很多奖学金和各种荣誉，这就意味着我成功了吗？答案自然是否定的。大三的你们，我希望你们能学会归零，时刻保持一颗空杯的心态。你的过去真的不代表什么，无论是多么辉煌，还是多么颓废，只要你有敢于拼搏的心，敢于正视现在的自己，不断挑战自己，回归真实和本源，你就是成功的。现在起步，现在奋力追赶，一切都不晚，大不了大器晚成。你可以一无所有，但是你不能没有梦想。大学的终点不是发个毕业证学位证就 game over（游戏结束）了，它是通向社会，通向你的未来、你的事业、你的梦想的。这需要你一步步靠近，一次次思考，一点点积累，一次次沉淀，这是一个从生理岁数上成人到心理岁数上成人的蜕变过程。而在这个过程中，你并不是一个人孤军奋战，你有你的同窗，你有你的同学，你还有我。你的成长，有我陪伴着你。放弃很容易，坚持对于任何人来讲都不是一件很容易的事情，即使你现在遇到了很多困难，即使前面的道路艰难坎坷，也请坚持。

无论如何，请不要轻言放弃自己。不知道有多少人关注正在举行的亚运会，可能并不像世界杯那样关注度那么高，但就在昨天，喜欢打篮球的同学，可能会听到一个振奋人心的事情，中国男篮时隔八年再次登顶亚运会冠军，当击败老对手伊朗队的那一瞬间，我相信你会会心地一笑。而在今年，关注世界杯的同学，都会关注一场大赛，世预赛亚洲区十二强第六轮比赛，在中国的主场，我们中国男足以 1∶0 战胜了韩国队，那一瞬间，整个主场徜徉着一片中国红和噙着泪花的嘶吼，而在这一片中国红中，有一条横幅格外显眼，上面写了八个字，这八个字被当时的朋友圈、空间刷屏了，"以梦为马，不负韶华"！这八个字我想同时送给在座的各位同学。永远不要放弃梦想，将梦想变成自己前进的动力和方向，不辜负美好的时光、美好的年华！

这个世界是公平的，时间是公平的，你在哪里使劲，在哪里努力，在哪里付出，就会在哪里开花结果。即使你的花开得并不绚烂，但是属于你的果终究会来。努力不一定成功，但是不努力永远不可能成功。

希望每个同学能够做一个真正的强者，不念过去，不畏将来，勇敢地活出自己喜欢的模样。

大三了，多思考自己的未来！更加坚定，更加笃信，逐渐走向成熟，加油！

考试周，致每一个用功的你，也希望你能安心睡个好觉

滕婉蓉

考试周已经渐次拉开帷幕。半夜3、5点和清晨7、8点的朋友圈、空间也逐渐热闹了起来。一时间，考试似乎成为我们最近的热点和高频词。每个人似乎都被考试的气氛带动着，不管你平常学还是不学，考试周的图书馆、自习室里、宿舍楼道里总是人气爆棚。

有时候真的很感谢考试，貌似它就是一个让自己真真切切检验一学期成果的试金石，每个人都渴望成功，貌似考试能够帮助你实现目标。至少，在潜意识中，总希望自己能够顺利通过吧。

在考试周，每个人都好拼，似乎害怕浪费一分一秒，有人在拼熬多少个夜晚，掉多少头发，用"拼搏"来感动自己，可是考试周不顾一切地"拼"真的那么重要吗？熬夜的滋味真的那么好受吗？我想，答案不言而喻。

每个人的考试周，其实都是一场"战斗"，也许你会觉得，挺过去，也就赢了。以前，在考试周的时候，我总是跟着学生一起紧张，或给他们助力打气，或总是会关注到一些人，与他们谈心谈话，或叮嘱，或督促，或鼓励。每次考前或考后，总是能看到各种祈福和谜一般的转载，都期待自己能够通过。我记得有次级会，我跟同学们说，"最近我在大家的空间认识了一个人，她叫杨超越。"下面一片笑声。毕竟大家都渴望成为那个幸运宠儿，有锦鲤附身。越是难熬的时候越要更有规律、有条不紊地安排好自己复习的节奏。为什么你大学都经历了这么多个考试周，而当下正在经历的考试周还是那么难呢？我想这值得我们深思。

01

要自我相信。

我在考试前 5 分钟去考场里看到，学习很不错的同学还在翻着书，想要再过一遍再记一遍，其实我也能理解，但我想要更有自信才对，有的时候一些压力反而是我们自己无端施加给自己的。

考完了也是一样，大家有时会有调侃"又挂一门"，或怪出卷太难，或怪自己看的都没考上，但是没必要过度渲染，既影响自己，也扰乱他人心绪。考完一门就放下一门，按自己的节奏继续向下一门进发。

02

要时常反省。

自律是一个人身上难得的闪光，那些成绩好的同学和大家的时间一样，为什么我们不能"先行一步"呢。某种意义上来讲，考试"挂科"就像一头"灰犀牛"，我们不早做准备而盲目乐观时，可能这头看似在远方、慢吞吞、熟悉到并不会感到诧异的"灰犀牛"终会让我们付出一定代价。我自己也深有同感，总是以忙为借口，不注重平常的看书学习，到了跟前恶补，或比赛，或答辩，如果一直是"临时抱佛脚"这样的心理，不会让你走得太远，平时的积淀、积累会显得很重要。不管怎样，还是要爱护自己。在这里，我就不做太多的阐述了，用你们自己的话说"命重要"。致每个用功的你，也愿你安心睡个好觉。

最后，还是想与你共勉，最灵验的锦鲤，就是努力。最好的坏运气退散秘籍，就是加倍努力。而破解坏运气的最好时机，是现在。愿你成为自己的锦鲤。

向阳而生，送给坚持而努力的你

滕婉蓉

今天终于考完试了，有些同学在社交软件里已经"豪横"地晒起了回家赶路的场景，评论区一堆羡慕，呀，这么早就可以放假了，有点小幸福。

2020 年，总感觉时间过得特别快，经历了那么多的不平凡。回想开学返校经历，专列上都是同校的同学，红旗招展、热泪盈眶；封楼的那段日子，又苦又甜，前期复杂紧迫的各项筹备，细心周到的志愿者和每天准点送餐的叔叔阿姨，你虽然不知道他是谁，但总有一些人在背后默默地为你保驾护航。你感受到了来自学校暖暖的爱与温暖。这个暑假，兴许是你第一次与那么多同学在校园里共同度过美好时光的一个假期，疫情防控常态化，我们每个人都在为之努力着。也许你在今年的课上感受到了从刚开始各种不适应的软件到熟练地使用各种直播软件的成就感，甚至将其应用到班会、团会、培训等各类实践中；也许实习中的你也跟往常师哥师姐所经历的实习不一样，穿上了背后写上名字才能知道你是谁的防护服，协助核酸检测、对科室来访人员体温测量、病区消杀……似乎你也是"穿上防护服，我就不再是孩子了"。

时间推进，想想前面一段时间的你，有人调侃"我的黑眼圈比我的眼睛都大"，有人说"考完试终于活过来了"，依然在你们的朋友圈、空间里看到考前各种谜一般的"逢考必过"的各类转发。总是有那么一段拼熬的日子，医学生哪有不熬夜的，这可能成了许多人不约而同的操作。大家自嘲"工具人""打工人""干饭人""尾款人"，使用着"凡尔赛"话语，思考着"内卷"的含义。

今天，其实还是一个特殊的日子，距离考研还剩不到 20 天，也是 2016级同学们入学的第 1565 天。嗯，也就是还有不到 200 天的日子，你就要毕业了。

与往常不同的是，图书馆与你争座的人越来越少，可能你是今年留守到最后的"占座人"，倒计时不到20天的日子，坚持到今天的你们，我相信都能欣喜地发现，其实现在的自己比半年前的自己更有底气、更有进步，至少从刚开始的"预习"到了真正的"复习"，一遍又一遍，一天又一天，一小时又一小时，草稿纸上写满了密密麻麻英文单词的，是你；考研书上画的无数标记已看不出它原有样貌的，是你；宿舍角落、杏林楼大厅的拐角支撑小书桌小台灯的，还是你。兴许前期的你为自己喜欢的专业放弃过推免申请，兴许现在的你为自己心仪的学校奋力冲刺、咬牙坚持。白天工作，见缝插针式学习，你比平常的时候都更加珍惜。这些显然不是"内卷"，而是每个人想去做一件事，想做到一件事，想做好一件事。

我们每一个人的生活实际上就是在经历一次次"压力测试"，如何去面对这些风险和挑战，如何在夹缝中生存，我想善于运用智慧和耐心，就能承受得住这一次又一次的"压力测试"，成功的彼岸终将会向你招手。再坚持一下吧，化危为机，浴火重生，你永远不知道，不逼一下自己就不知道自己有多大的潜能、多么优秀。相信，你可以。

星光不负赶路人，长路漫漫，心之所向，虽远必至。你看，窗外皑皑的大雪能够给你更加坚韧的力量，再坚持一下，你离那个想成为的自己兴许会更进一步。

纵然希望你能如愿上岸，也希望你能有好的心态，向阳而生，不念过去，不惧将来，是实习生也是毕业生，是考研党也是就业党，调整好自己的角色，顺势而为，两手准备，考研如愿，考试顺利，也希望你有一个好的工作归宿。

就这么多吧，这篇文章送给坚持而努力的你，勇敢向前，坚守梦想。晚安。

一次党课的分享，社会实践与使命担当

滕婉蓉

今天想跟同学们分享交流的是关于社会实践与使命担当的那些事儿。

01 守初心，担使命

说到使命担当，你会联想到什么呢？（进行提问）最近啊，大家一定不陌生的是一个主题教育，我相信在座各位所在的党支部也带领大家一起参与过，没错，这个主题教育就是"不忘初心，牢记使命"。在现在的这个时代，我们为什么要谈初心，话使命？我们为什么要守初心，担使命？

刚刚我们听到有同学说到了自己医学生的身份，联想到了医生这个神圣而伟大的职业。选择学医可能是偶然，但你一旦选择了它，就要用一生的忠诚和热情去对待它。关于初心和使命，责任与担当的这个问题，我们先看一个视频，然后再一起探讨这个问题。

[播放"学习强国"的"时代新人说"演讲视频：《三代人的初心》（一个医生的演讲）。]

看完这个视频我相信在座的各位同学或多或少会有一些感触，这个视频是我在"学习强国"上无意间看到的，而且是第一次被"学习强国"的视频泪目，视频中最后的那一句"因为没有什么比守护生命更有意义"真的让我非常感动。

回到我们自己身上来，我们现在都是医学生，将来都有可能从事医疗卫生行业领域的工作，是一名光荣的医护人员，可能在我们去选择学医的那一刻，我们并不知道会面对什么，将来可能会面临什么，但是，医学特点和特殊性意味着我们就是选择了责任与担当，因为我们承载更多的是"健康所系，性命相托"的生命与健康之重托。

作为一名医学生，大家平常的课业压力非常大，课程多、学制长、考试月更是灯火通明，宿舍楼里、食堂里似乎都是挑灯夜读、拼搏奋进的学生，好不热闹啊。除了平常专业知识的学习以外，医学的应用性非常强，除了课本，更多的是要靠实践。

02 社会实践你我他

社会实践对于医学生来讲非常重要。

关于社会实践这件事，可能有很多同学第一反应会想到"三下乡"，科技、文化、医疗下乡。每年，我们学院都会有近百人到村庄、到农牧团场、到连队、到社区开展暑期社会实践活动，送医疗下乡是我们学院常年做的事情。社会实践不仅仅是"三下乡"，但是"三下乡"社会实践发挥出来的作用确实非常深刻与直接，有时候你的人生价值观可能会被"三下乡"过程中的人、事、物影响，不断去感悟，不断去提高，不断去重塑。我想跟大家分享的是我跟社会实践的那些事儿。

在我上本科的时候，连续3年的暑假我基本上都是在社会实践中度过的。刚开始就只是抱着一种玩的心态，觉得可以去不同的地方之类的，但是实际做的过程中，我发现想要做好一件事情，用心做好服务，做好实践的效果，那是一件非常苦非常累的事情。大二暑假那年，我跟着班里的小伙伴去石河子农民工子女学校，在那里与小朋友一起，给他们上课、与他们团建、跟他们一起排练节目。那次的暑期"三下乡"，我第一次感受到了责任的意义。当看到一张张稚嫩的小脸，在我们离开的时候，一个个不舍的表情，那一瞬间，心都软了。这次活动的结束恰恰意味着好的开始，我们筹划如何与他们建立长期有效的联系，如何能让那些可爱的弟弟妹妹们健康快乐地成长，能接受到更多的关爱和资源。我们开始联系社团，联系学院，开始在那里筹建社会实践服务基地，邀请孩子们来我们学校参观游学，让他们立志做一名勤思、善问、笃行的学生，帮助他们实现大学梦。就这样，在我们的共同努力下，一批又一批的师弟师妹，一直坚守着、传递着，每年寒暑假，都会去那里做志愿服务，奉献爱、服务社会。

大四暑假那年，虽然我都已经毕业了，但是我仍然参加了一次让我至今都非常难忘的暑期"三下乡"。2013年的暑假，我第一次跟华中科技大学的小伙伴，一起到兵团第五师（博尔塔拉蒙古自治州）参加关于中国梦、兵团精神方面的社会实践。在那里，我不光认识了校外其他高校的小伙伴，至今我们的友谊都很长久，还对兵团的农业发展、兵团人的事迹、兵团的故事有了更加深刻的初体验与理解。当时我回来后写了一篇心得，心得中是这么描述的："参观学习之后，我们对兵团老、中、青三代杰出代表进行了访问和座谈……无论是听取兵团三代人为兵团奉献自我、服务兵团、建设兵团背后的艰辛故事，还是感受义务护边40余年的斯卡克大叔对祖国的那份深深眷恋和热爱的赤子之心，都让我们内心深处为之荡漾、感动。然而对我而言，让我印象最深刻的还有在广场上随机调查的那些跳舞健身、满脸流露出幸福表情的兵团人。在我看来，生活在这里的兵团人能一致认为兵团为新疆的发展和建设具有功不可没的作用，认为兵团给予他们的是一种稳定、繁荣、祥和、快乐，这种强大的幸福感来源于他们的内心，不仅仅呈现出当代兵团人民幸福安康的真实写照，也是一代又一代兵团人热爱祖国、无私奉献、艰苦创业、开拓进取的兵团精神的深刻体现，更是他们对兵团发展越来越好，对祖国越来越繁荣昌盛的期待与梦想。我深深地被这一个个简单、朴实而又伟大的梦想而感染，也深深地被生活在这里的兵团人民用实际的幸福表达自身祝福的举动而感动。"实现中华民族伟大复兴不正是人民的幸福与安康，边疆的稳定与和谐，祖国的繁荣与昌盛吗？

　　工作后，无一例外，我从原来学生的身份，变成了老师，连续两年带着学生团队做着"三下乡"社会实践的事情，而且每一次都有新的收获与感受。特别是今年暑期的"三下乡"，借着70周年的校庆、院庆，我带着我的团队寻访了优秀校友，到了边境团场七十七团、七十六团，以及四师医院等地，看扎根在边疆默默奉献的最基层的医疗工作人员，他们也是我们的校友。我们不仅看到了坚守在最基层一线的急诊科医生，有时候为了拯救一个患者，可以夜以继日地工作，甚至有时候睡在电梯的格挡里，而在访谈的过程中，因为说到自己的经历没有办法照顾家中的孩子时，哽咽、潸然泪下；我们也看到了将毕生精力投身在中医事业上的老院长，执着、坚定，今年90余岁的高龄，依然在研究着、奋斗着。他们每个人的事迹没有进行任何加工，都是很自然地跟我们讲述，每一个人的身上就像闪着光芒一样，而那一瞬间真的能被这一个又一个精彩而又感人的故事深深地触动，可能这就是平凡中伟大的力量。习近平总书记说过，我们都是奋斗者，奋斗本身就是一种幸福。

在平凡岗位上的默默奉献，深深扎根，爱岗敬业，这何尝不是一种责任与担当呢？

当在边境线上看到界碑、界河，当看到"不让祖国一寸土地从我脚下流失""一生只做一件事，我为祖国当卫士""种地就是站岗，放牧就是巡逻"这一句又一句边境线上朴素而又有力量的誓言时，深深感受到那是一种家国的温暖与情怀。那就是一种教育，那就是一种精神上的洗礼，哪有什么岁月静好，只不过有人替你负重前行。

除了带着学生参加"三下乡"社会实践，我还带着全院团队小伙伴一起做宣传，一起让我们的成果能有更多人知晓，对文稿一字一字地改，一篇一篇地审，大家共同努力，不知不觉，暑期一个月的时间，光"三下乡"社会实践杏林石大新闻报道就推送了72篇，一共6万余字。其中近10篇被大学转载，1篇入选兵团日报，2篇入选国家中青网、创青春等平台并转发。当大家在一起去共同的努力去拼搏去奋斗的时候，那是一种说不出来的喜悦和获得感。我想这可能是"三下乡"社会实践带给我的感悟、带给我的责任感、带给我的成长，一步一个脚印，心向阳光，将每一件事情用心用情用意去做好。你若盛开，清风自来！

今天，我们也邀请了一位你们身边的同学，她是志愿服务的爱好者，是社会实践的行动者，是"跑赢黄金四分钟"的策划者，也是今年9月刚刚参加中国红十字会第十一次全国会员代表大会的青年代表，在北京人民大会堂见到了习近平总书记。我们把她也请到了现场，让我们一起来听听她与社会实践、志愿服务的那些事儿。(马瑞同学给我们分享的故事，可能也有你的身影，或多或少有些感触和了解。关于社会实践，我们就先说到这儿，我相信你们今天一定还有很多想法和启迪，不论如何我们还需要脚踏实地，面向未来。)

03 使命担当再出发

一代人有一代人的长征，一代人有一代人的担当，一代人有一代人的可爱，一代人也有一代人的烦恼，从来没有哪一代人是轻轻松松坐享其成的。我想请现场的同学们做一道算术题，到2020年、2035年和2050年的时候大家是多少岁？我为什么要问这个问题呢，因为这三个节点的时间关乎于祖国的未来，关乎于时代的发展，都是非常重要的历史性时刻，而在座的各位，包括我，都处生逢其时的好时代。到2020年，同学们20岁出头，正准备走出校园，即将踏入职场，那时候中国将全面建成小康社会，而我们一开始就迎来了黄金时代！到2035年，同学们是35岁左右，正是个人职业发展的关键时期，那时候我国将基本实现社会主义现代化。而到2050年，同学们50岁左右，是职业发展的巅峰期，也是我国将建成富强民主文明和谐美丽的社会主义现代化强国的时候。我们说这一代大学生无疑是幸运的一代，你们将见证"两个一百年"的奋斗目标成为现实；当然，你们也无疑是将被委以重任的一代，一生的黄金30年将参与到实现第二个百年奋斗目标之中。

之前看过一篇人民日报微信推文寄语青年，标题是这样写的"你最牛的背景，是今天的中国"。我很欣赏其中的一段话：前景可待，未来可期。前行中的中国给了你最大的底气。这份底气，藏在你眼中绽放的神采里；镌刻进你为生活打拼、为理想执着的自信里；映照在你的谈吐、你的胸襟、你的视野里。生长在这个时代，就像坐上了一辆快速向前的列车，它会带你到曾靠一己之力到达不了的远方。你会看到更多的风景，也就有了更多的选择。你的成就感、获得感、安全感，前所未有地与这个国家的繁荣发展紧密相连。

请记得：我们所站立的地方，就是我们的中国；我们怎么样，中国便怎么样；我们是什么，中国便是什么；我们有光明，中国便有希望！

网络防诈骗
——聚焦"眼脑心行"下处方

胡昌娃

"一听学生电信网络受骗，心中默念淡定十遍。"电信网络诈骗是一个社会顽疾，电信网络受骗是高校天之骄子的多发病，防电信网络诈骗是高校学生工作者长期艰巨的任务。

高校大学生有颜值有才艺有智商，可屡屡逃不过电信受骗高发的怪圈，自秋季以来，学院防电信网络诈骗从宣传、教育、责任、联动入手，聚焦大学生"眼脑心行"，采取了一些措施，取得了一定经验。

01

强化宣传，让防电信诈骗"入眼"。

看到过才会有印象，见到过才会有概念，无处不在的宣传是防电信诈骗安全教育的第一步。今年下半年，我们定期梳理形式新颖、内容浅显易懂、阅读量大的权威文章，通过学院微信公众号和其他学生公众号反复推送防电信诈骗知识、案例，通过辅导员自身微信朋友圈、微博、QQ 空间的转发，通过班级、年级 QQ 群上传，努力做到让学生用手机就能看到这些信息。同时，发放安全知识手册和传单、彩印"防电诈小常识"张贴在宿舍显眼处，努力做到生活学习处都能见到。

02

强化教育，让防电信诈骗"入脑"。

提高警惕意识要常灌耳音，防范电信诈骗要信息入脑。抓关键阶段，我们把防诈骗教育作为新生入学教育的第一堂课、老生开学的第一堂课进行重点教育，把班会、级会作为学生的重播课，在学生入校时就叮嘱、在校就常唠叨。抓关键时刻，我们制作标准化宣讲课件，利用课前3分钟"拧螺丝"；我们结合思想政治教育，利用党课团课提觉悟认识。同时，我们创新"形式"，变老师主讲为学生主讲，由单一讲到情景演示，并通过让学生说身边人身边事、受骗学生现身说法等进行警示教育，促使学生从看和听到信和思，树立正确的价值观，既要有爱心也要有警惕心，既要自强自立也要谨记"天上不会掉馅饼"的道理。

03

强化责任，让防电信诈骗"入心"。

有责任意识才会有担当精神，才能把防电信诈骗不仅当成个人的事，而且事关荣誉事关集体，才会上心用心。让学生签订安全承诺书，以宿舍为单位，以形式促内容，学生在签订承诺书前由宿舍长宣读，将基础防电诈宣传教育融入学生的生活。对学生进行安全知识测试，线上线下同步测试，将网络安全、诈骗案例和校园贷变成试题，对于测试不合格者进行补考，再教育。同时，在重大活动节点，我们把防电信诈骗安全教育与思想政治教育相融合，把防诈骗与共庆新中国成立70周年、"不忘初心，牢记使命"主题教育等相结合，让学生意识到不受电信诈骗也是合格大学生、合格团员、合格党员的一种表现。

04

强化联动，让防电信诈骗"入行"。

电信诈骗变化多端，学生情况千姿百态，只有多方联动形成合力，才能起到有效作用。学院内，我们要求全体教职员工积极参与，充分发挥岗位育人功效，坚持辅导员、班主任、学生干部、宿舍长、党员、学生代表多方联动，在学院学生工作每周例会上进行相关案例分析和经验总结，强化辅导员认识，提升辅导员能力。学院外，我们积极与学工部、保卫部和派出所等部门对接，主动寻求帮助支持。同时，在宿舍内落实高年级党员包干宿舍制度，进行宿舍安全知识分享和宣传，在沟通中融入安全意识。在班级中落实学生网络转钱汇报要求，凡是非正常购物通过微信、QQ、银行卡等转钱的，要求及时向班干部和辅导员汇报，帮助辨别分析。

下一步，我们将继续创新思维细化措施，进一步把防诈骗作为落实立德树人的根本任务来抓好，把防诈骗作为思想政治教育工作内容做好，确保校园和谐稳定，学生健康成长。

毕业之路该向何方？
——聊聊 2020 年变与不变之上篇

（形势：乐观或悲观）

2020 年的起始，让我们始料不及；2020 年的寒假，让我们永存记忆；2020 年的毕业，肯定也会让我们铭记。面对未来，我们不禁要问：这个世界怎么了？我们的未来在哪里？我们的路该向何方？

01 变化

电影《流浪地球》开头有一段配音："起初，没有人在意这场灾难，这不过是一场山火，一次旱灾，一个物种的灭绝，一座城市的消失。直到这场灾难和每个人息息相关。"

这段话放到今天，尤为值得人类回味和反思。我们也应该重新想想人与自然的关系，想想人与人之间的关系，想想未来怎么走，想想现在能做点什么。

武汉某作家有句流传甚广的话：时代的一粒灰，落在个人头上，就是一座山。可又有哪个时代没有一粒灰尘呢？

未来已来，毕业将至。

2020 届的毕业生，该如何思考现在和未来？毕业之路如何抉择？

我想从形势、方向和道路三个方面聊聊，一起感受 2020 年的变与不变，一起寻找属于自己的回答。

02 观察

没有绝对乐观的形势，也没有绝对悲观的形势，只有在变的形势！

春秋战国时期著名军事家鬼谷子先生说：知大势，才能伐谋，知利害，才能伐交，知地形，才能伐兵，知虚实，才能避实击虚。

所以，面对未来，即使做不到很乐观，但也不必太悲观，关键在于要会先观"势"、察"势"，后知"势"而动、按"势"而行。

2020年，毕业生面对的形势可以从数据、环境和政策去观、去察。

03 数据

数据可能有些古板，但却足够客观。观察形势，就得学会从权威的数据分析中看趋势。

根据国家统计局数据，2020年1—2月，全国城镇调查失业率为6.2%。也就是说，按最低保守数字，现在每100个城镇人口中，就有超过6个人没有工作。这说明，在城市找份工作不是那么容易的。

高校毕业生人数也在逐年增加，2016年763万人，2017年795万人，2018年820万人，2019年834万人。

2020年高校应届毕业生总共874万人，相比2019年增加了40万人，还不包括之前没有顺利考研考公上岸的人，这个人数可能会将近900万。国务院联防联控机制召开新闻发布会上，教育部高校学生司司长王辉表示，预计2020年上半年就业形势更加复杂严峻。

如果看长远一点，可以预估未来3年高校的毕业生人数。

根据国家统计局网站数据，普通高校2016年招生人数为748万，2017年761.5万，2018年为790.9931万，2019年为914.9万；研究生招生人数2017年为80.6103万人，2018年85.7966万，2019年为91.7万，2020年较2019年同比或增加18.9万人（预估110.6万）；出国留学人数和学成回国人数2016年为54.45万和43.25万，2017年为60.84万和48.09万，2018年为66.21万和51.94万，2019年未查到。

从这些数据中，我们就可以预判到未来几年高校毕业生人数将不断创新高，就业竞争会愈加激烈。

如果再分析医学生数量，2015年医学普通本科招生数为24.7158万，以后年份没有查到官方公布，但预估也在以每年1万人左右的幅度增长。

总体而言，伴随着毕业生人数逐年增加，就业形势一年比一年严峻，人才供需之间的天平也越来越失衡，医学毕业生也不例外。

04 环境

习近平总书记指出："当前中国处于近代以来最好的发展时期，世界处于百年未有之大变局，两者同步交织、相互激荡。"

2020年是具有里程碑意义的一年，我们将全面建成小康社会，实现第一个百年奋斗目标，2020年也是脱贫攻坚决战决胜之年，也是"十三五"收官之年。

开年之始，新冠疫情来势汹汹、传播之烈、扩散范围之广，都是历史上所罕见的。虽然战疫情"作业"之难可比"蜀道之难难于上青天"，但事关人民群众的生命安全和身体健康，中国绝对做到了优秀。

从大年初一到二月二十五，54天时间习近平总书记主持召开了7次中央政治局常委会会议，基本每周一次，并深入北京、武汉战疫一线调研。全国人民众志成城、共克时艰，广大医务工作者更是"最美逆行者"，全国有346支医疗队、4.26万医护人员支援湖北，我们取得了战疫的阶段性胜利。

从全国援鄂医疗队闻令而动奔赴湖北到卸下"铠甲"有序撤离，从封城停工停产停学到解封复工复产复学，无不彰显着中国力量，无不反映着国内疫情走向。

对比国内外疫情防控措施及成效，我们感到无比幸运、无比幸福。战"疫"是一本生动的教科书，有我们寻找未来之路的精神食粮，需要去思考去体悟。

新冠疫情扰乱了正常的经济运行节奏，对中国的经济影响显而易见。根据国家统计局公布的2020年1至2月的经济数据，受新冠疫情影响，多项经济数据出现下滑，但综合来看，疫情的影响是短期的、外在的，也是可控的。

这场突如其来的疫情，让许多企业措手不及，部分企业面临自身难保的局面。但危机与机会并存，是危机也可能是转机。

当上天关上一扇窗，就会开一道门。比如，这次疫情给公众上了一堂关于健康和安全的大课，于是有人说："人生只有单程，没有往返，让自己健康是美德，让家人健康是责任，人生下半场，拼的就是健康！"因而也大大提升了跟健康、个人安全防护相关的产品机会和服务机会。

任何一个大国的崛起都不会是一帆风顺的，都会经历种种磨难和考验；任何一个人的成长也不总是顺风顺水的，爬过高山才能俯瞰众山，涉过险滩

才能驰骋大地。

05 政策

疫情无情，国家有爱，2020年毕业生所受到的政策关爱是加倍的。

党中央、国务院、教育部高度重视高校毕业生就业工作，出台多项举措助力毕业生就业，尤其利好医学生。

一是扩大研究生招生规模，同比预计增加18.9万。研究生计划增量，重点投向临床医学、公共卫生、集成电路、人工智能等专业，而且以专业学位培养为主，以高层次的应用型人才专业学位为主。

二是拓宽就业渠道，加强事业单位招录。重点加大基础教育、基层医疗、社区服务等领域的招录人数，鼓励更多应届毕业生参军入伍。

三是引导基层就业，扩大选拔选调生，"三支一扶"计划。部分地区已明确扩大选拔录用选调生、"三支一扶"计划，公开招聘一批乡村教师、医生、社会工作者充实基层。

四是优化招就服务，开展就业帮扶。加大线上招聘，推动网上面试、网上签约及网上办理就业手续等。

同时，学校和学院也积极采取措施，做好就业指导服务工作。学院就业工作以"资源整合好，单位引进来，学生推出去，服务一对一"为思路，细化十一项措施，分别是摸清学生就业底数、收集优质招聘信息、精准做好供需对接、丰富线上就业资源、加强就业课程指导、举办线上双选会、着力引导基层就业、维护学生就业权益、全面优化业务办理、党支部联系"1+1""一人一策"帮扶指导。

06 "大连"的故事

疫情对国家是大考，对个人也是检验，既检"德"，也验"能"。

一位"90后"小伙子因来自辽宁大连，所以大家都叫他"大连"。

2020年2月12日那天，他从老家坐高铁前往长沙出差。因到餐车吃饭，误入高铁外地回武汉人员的专门车厢，阴差阳错地到武汉下了车，滞留到武汉。

这时候的武汉已经封城,公交、地铁、轮渡全部停运,举目无亲的"大连"在空荡荡的街上十分无助,当时还下着雨,车打不到,酒店也住不上,难道只能露宿街头?

为了有地方睡觉,不再到处游荡,"大连"突然灵机一动,拨通了武汉市第一医院招募志愿者的电话。经过协商,医院同意开车来接他,具体工作就是在隔离病房区打扫卫生,报酬是500元一天。

就这样,"大连"误打误撞成了战疫一线的志愿者,当天晚上,他在医院地下室将就了一晚。

"大连"负责的楼层住的都是新冠肺炎重症患者,主要工作是打扫卫生,把垃圾分类放入垃圾箱里,然后拖地,喷消毒水。此外,他还要负责给病人收发盒饭,以及帮助医护人员脱掉防护服,然后帮他们消毒。

虽然工作环境紧张,压力也大,但天性开朗的"大连"用积极的心态面对每一位病人和医护人员。他给医院带来了欢乐,是个热心肠,可以说是有求必应,深受护士小姐姐和大爷大妈们的喜爱,渐渐成了武汉第一医院的"名人"。

还有人给他送水果,为他鼓劲加油。

07 思考

数据、环境、政策和"大连"的故事,能带给你什么样的思考?能给你的毕业之路什么样的启示?不同的人会有不同的体会和感受。我的体悟有两点:一是形势在变,思路和出路也得跟着变,不能太把自己当回事,有韧也要有柔;二是形势在变,但自信不能变,不能太不把自己不当回事,信心很重要。

毕业之路该向何方？
——聊聊 2020 年变与不变之中篇

（方向：就业或待业？）

胡昌娃

大学生毕业之后，除了升学外，无外乎就业和待业两个方向。

从概念上讲，就业是指具有劳动能力的公民，依法从事某种有报酬或劳动收入的社会活动；待业是指青年接受完教育后却没找到工作，等待工作机会的行为。

从现实来看，高校毕业生只要不太挑太拣，基本不存在想工作而没有工作的情况，但也存在因各种原因慢就业、不就业的毕业生。

因而，是就业还是待业，对毕业生来说就是道方向选择题。

方向决定未来，毕业生必须做好这道选择题。

而答好题，就需要想想就业是为了什么？待业去干什么？到底适合选什么？

01 我们为什么要就业

一百个人回答这个问题，可能有一百种答案。美国幽默大师罗伯特·奥本曾经这样回答：每天早晨打开报纸，如果百万富翁排行榜上还没有自己的名字，那就去工作。曾经有人发了一条微博引起了热议，博主说"我发现上班不是为了挣钱，而是为了省钱"，应者众多，有人说"这我无力反驳"，有人说"上班是为了找点事做，不上班宅在家我妈看我都烦"，有人说"上班是我的使命，上班使我快乐，让人生有意义"……

工作理由很多，但若分类，基本可以归为三类。

其一是为赚钱，想有尊严地生活着。

我们都知道钱不是万能的，但没有钱是万万不行的。生理需要是人的各种需要中最基本、最强烈的一种，是对生存的基本需要。正常情况下，有了工作才会有收入，获取收入是我们绝大多数人工作的主要目的。

古人讲，三十而立。算算你大学毕业时距你而立之年还有多少年多少天？你是否需要在而立之年前谈谈爱情？可即使爱情再纯真再美好，也是要建立在物质的基础之上。老祖先都告诉我们"相濡以沫，不如相忘于江湖"，身无分文如何去甜言蜜语？

有人说，我虽不是富二代，可父母不差钱，我也不差钱。我想，这也许就是传说中光明正大、理直气壮的"啃老族"了吧！有个段子这样说啃老一族：一直无业、二老啃光、三餐饱食、四肢无力、五官端正、六亲不认、七分任性、八分逍遥、九（久）坐不动、十分无用。我相信大家都不愿成为这样"十分无用"之人，因而就业是生存之基，也是成家立业之路。

其二是为社交，想和这个世界谈谈。

马斯洛需求层次论告诉我们，社交需求仅次于生理和安全需求。换句话说，人只要自己能够活着，就想要通过人与人之间的交流找到归属感，证明自己是一个活着的人。

工作能为我们提供社交场所，工作需要一群人，一群人中的每个人又会联系另一群人，于是通过工作，我们可能就有了一个不断扩大的社交圈，就可能找到有共同话语的人、有共同爱好的人、有共同志向的人。

工作可以让我们很忙，忙却可能是治疗寂寞孤独的珍贵良药。

罗曼·罗兰说：生活中最沉重的负担不是工作，而是无聊。

2018年，有一首《老子明天不上班》的歌说出了很多人的梦想，很受欢迎。

生活中，可能有很多人以佯装生病、假装有事等各种理由和方式实现一个愿望。

2020年，新冠疫情肆虐，大多数人成为宅男宅女，这个愿望终于实现了：足不出户，吃着零食，看着电视，玩着手机，不用梳头，不用洗衣……过着"佩奇"一样的生活，吃吃喝喝，玩玩睡睡。一天、两天、十天、半个月……

终于，大多数人受不了了。

心愿变成了：疫情退去，我想上班，并且从来没有如此迫切、急切、恳切地想上班。曾经嫌弃的同事，想想还是挺可爱的；曾经讨厌的办公室，想想还是挺温馨的。

或许有人说，我不工作，但我朋友多，我不缺社交。但工作圈会影响你的思维和关注点。正如，曾经熟悉的朋友再见就有些陌生，因为缺少了共同的话题、共同的语言，也许仅仅是分开一年。

其三是为追求，想为社会做点什么。

17岁的马克思高中毕业时，在毕业论文《青年在选择职业时的思考》中写到：如果我们选择了最能为人类福利而劳动的职业，那么，重担就不能把我们压倒，因为这是为大家而献身；那时我们所感到的就不是可怜的、有限的、自私的乐趣，我们的幸福将属于千百万人，我们的事业将默默地但是永恒发挥作用地存在下去，而面对我们的骨灰，高尚的人们将洒下热泪。

每个人都有自己的价值追求，选择职业和工作不仅仅是为了挣钱，每个人都想做一个最好的自己，都想为这个社会做点什么，为他人做些什么，留下点什么。没有人愿意虚度一生，谁都希望自己的生命充实美满，富有价值和意义。

一台收音机、一个望远镜、一根羊鞭、一个水壶，这些就是新疆生产建设兵团第九师一六一团退休职工、护边员魏德友每天放牧巡边的"装备"。50多年，就这看似简单枯燥的工作，"七一勋章"获得者魏德友实现着他的人生价值和职业成就感，"做一名流动岗哨，我为祖国守边陲"。

日本有个叫清水龟之助的邮差，工作态度始终和他第一天到职时的做法一致，不管狂风暴雨、天寒地冻，甚至连数次日本大地震灾难当中，他总是能够准确地将信件交到收件人的手上。他说，之所以能够几十年如一日地做好邮差工作，主要是看到人们接获远方亲友捎来的信息时，脸上那种喜悦无比的表情，自己就有了成就感。

毕业生选择就业的理由可能不尽相同，但就业是终究要走的路，只不过是时间点的问题。

02 你适合去"二战"吗？

待业的理由也有千万条，"二战"（第二次考研）仍是最多的一条，也是说起来最顺口、听起来最合理、做起来最艰难、结果最不理想的一条。"二战"本是一条奋进之路、励志之路，但事关长远，若想"二战"，应要自问，你适合"二战"吗？

首先，这是你发自内心的想法吗？

这是判断是否应选择"二战"的首要因素，也是决定"二战"是否能顺利上岸的关键因素。

干扰你做出合理选择的原因很多，比如，父母、亲朋好友都认为你应该上研究生，都期待你先学历提升再就业，不考有点辜负他们。

你同宿舍的同学、班级年级的同学、高中的好朋友，他们要么已成功上岸，要么都要选择"二战"，不考没有面子。

认识的同学朋友中，有比你高考考得差、平时考得也差，甚至学校也不如你的都已成功上岸，或也在选择"二战"，不考心里不服气。还有同学觉得工作压力大，自己好像什么都不会，不如选择"二战"避避风头，可"躲了初一能躲过十五吗"？

心之所向，行才会尽力所往。

如果"一战"（第一次考研）是选择一段经历，那么"二战"就不会是还想看看风景吧？这次要好好想想自己为什么去考研？到底为了什么？到底是不是自己发自内心的想法？

其次，你还有多大的提分空间？

失败是成功之母，也可能是再次失败之始。失败不光有不够努力的原因，也可能是你判断错了、选择方向错了，因而就陷入"越错越迷茫、越迷茫越错"的怪圈。

有的同学说，我过去一年真的很努力，每天都是早出晚归、披星戴月地学，宿舍熄灯我在走廊"借光"、朋友聚会我在教室做题、同学运动我在宿舍看书，但运气背，总分差了10分或单科差了5分。这种情况，基本上提分空间就很小了。

同时，有的同学目标很远大，可在复习时精力集中不了，一会发呆，一会玩手机，一会吃点零食，一会谈谈恋爱，懒懒散散一天过去了，轻轻松松一年过去了。这种情况，"二战"可能就是走走过场。

"二战"比"一战"难，尤其是医学生，难在过心理压力关、学习氛围关、实践能力关等。很多考生"二战"的时候成绩比"一战"还差，等打算"三战"（第三次考研）的时候，不少人最终没有完成考试就放弃了。因而，必须实打实地评估提分空间，否则就会浪费时间、浪费精力。

再次，你的家庭情况允许再试吗？

考研与高考不同，本科毕业的同学已到了成家立业的年龄，想"二战"除了我们自己要想清楚，还要综合考虑家庭的实际情况以及家人的感受。

家庭情况不仅仅是经济状况，也包括父母的年龄情况、身体情况，兄弟姐妹的情况，还包括左右邻居、亲朋好友的看法，等等。

选择"二战"，绝不是父母只给你掏钱那么简单，也绝不只是你一个人要用心努力、艰苦付出，而是家庭全体成员的事，家庭现在和未来日子怎么过的事。

因而，在你做决定的同时，家人也在做决定；在你付出的时候，他们也在付出。实际上，他们在乎得更多、付出得更多。

最苦天下父母心，作为子女要体谅他们、关爱他们。你在为自己而"战"，父母却一直都在为你而"战"，你不停下，他们不会歇脚，因而选择"二战"必须考虑家庭情况。

还有，你做过现在和未来的对比吗？

现在不代表未来，现在能得到的，未来不一定都能得到。

有人说，2021年考研难度将更大。

这不是贩卖焦虑，危言耸听，而是可以从数据分析得出的。

2015、2016、2017年度高校招生规模基本都以15万左右的数据逐年递增，相应毕业年份的毕业生数量也在递增，考研学生也在递增。同时，2020年因为疫情研究生扩招18.9万，2021年是否能保持2020年招生人数规模不减，也很难说。

有人说，2020年是医学生就业史上的一个分水岭。

一方面，从现有政策到我们招聘单位统计来看，今年招聘医学生的数量比往年多了一些，招聘单位的质量比往年好了一些。以前不招本科生的医院今年招了，不在我们这招聘的单位在我们这招了。

另一方面，近几年研究生招生以每年5万～6万的规模在增长，今年更是一下增长近20万，但同时，招聘单位却没有太大幅度增长。根据国家统计局数据，2015—2019 年，全国医院每年增长的数量有减小趋势。

目前，我们看到一些三甲医院招人是"博士来了提条件，硕士来了人留下，本科来了简历留下，大专来了我们不要"。学历水涨船高，也许不久的将来，这些医院就变成了"博士留下、硕士简历留下、本科不要"。

所以，试想现在你能去的医院，4 年后你还能去吗？

最后，你想过其他得失吗？

有一首叫《青春》的诗写到：人生有一首诗，当我们拥有它的时候，往往并没有读懂它。而当我们能够读懂它的时候，它却早已远去，这首诗的名字就叫青春。

在这里，表达的不是说去"二战"就浪费了青春，而是时光的珍贵，选择的重要。

是选择就会有得失，但要学会衡量，不执拗于一头。

03 选择自己的方向

方向偏了，再努力都会南辕北辙。

就业是一条终将要走之路，早工作早积累，有适应有调整。

待业是一条可选之路，或可厚积薄发，或会蹉跎岁月。

不管毕业即就业还是毕业暂待业，无所谓绝对好坏对错。

但穿不合脚的鞋，不仅要承受疼痛之苦，也会影响行进之速。

面对就业和待业，毕业生务必选适合自己的方向并为之努力奋斗。

毕业之路该向何方？
——聊聊 2020 年变与不变之下篇

（道路：直路还是曲径？）

　　停靠一座美丽的城市，寻找一个心仪的单位，干一份喜爱的工作，过一生幸福的生活，实现人生的价值追求。这是每个毕业生的梦，也是我们每个人的梦。

　　但梦是走出来的，走路就要选路，路有直有曲，怎么看怎么走？这是个很现实的选择问题。

　　毕业时，有的同学意气风发、傲视天下，非大城市不看，非大单位不去，要走直路，要步步合我心意；有的同学则虽远眺未来，但脚踏实地，选可选的路、做能做的事，曲直均可。

　　然毕业 10 年、20 年，你可能会惊讶地发现：班里最勤奋的学霸，可能还在职称之路上苦苦攀爬，而没有成为学术大咖；班里不太起眼的中等生，却可能已在行业走红，成为业务大咖；成绩不相上下的同学，有人顺风顺水，有人却坎坷波折。

　　这或许与毕业时选择的道路有密切关联。而作为一名高校毕业生，尤其是新疆高校毕业生，要选好道路、规划好未来，就需要好好思考以下几个问题。

01 第一份工作重要吗？

　　我的答案是矛盾的，很重要，又不重要。

　　第一份工作重要是从有没有角度看。有研究发现，如果一个人在毕业时没有找到一份正式员工的工作，那么他之后成为正式员工的可能性就会大大降低，甚至在毕业几年后都是如此。

　　第一份工作是你自立的开始，是你角色转换的开始，也是你职业生涯的开始。有了第一份工作，你就知道了生活的艰辛和不容易，就会多一份责任感和使命感；有了第一份工作，你就会开始积累工作经验、修正职业发展误区，就会在工作中发现和寻找新的机会。

新东方的俞敏洪在给毕业生的建议中，打了一个比喻：你天天在马路上看汽车开来开去，是永远学不会开汽车的，只有你真正学了开车走上了马路，你才会发现这个路应该这么开、那么拐。其实工作也是一样的，只有深入其中，才能寻找到各种各样新的机会，所以一定要迅速找工作，不管这个工作你满意不满意。

因而可以这么说，有选择的时候，选择才重要；没有选择的时候，有工作比没有工作重要。

第一份工作不重要是从长远角度看。百米短跑要比起步，万米长跑要靠耐力。职业生涯是一段长跑，第一步只要跑了，即使你起步慢了半拍，对职业长跑整个过程来说基本没有影响。

在职业成功这条路上，很多成功者的起始平台并不高，但他们凭借胆识、魄力和坚持，最终功成名就。李兰娟院士刚工作时是在浙江农村当"赤脚医生"，陈学庚院士毕业后在农七师一三〇团机械厂当普通技术员，马云毕业后在杭州电子科技大学当普通教师。

是金子到哪里都会发光，是钻石到哪里都会闪亮。当前，人力资源是第一资源，人才流动是正常现象，职业生涯中还有很多选择的机会，还有很多修正的空间。

第一份工作，无论自己是否喜欢，只有用心把它干好，才是王道。好的人生之路，其实有很多都是从不尽如人意开始的。

02 去基层怎么样?

习近平总书记给在首钢医院实习的西藏大学医学院学生的回信中写到：毕业后到人民最需要的地方去，以仁心仁术造福人民特别是基层群众。

习近平总书记给北京大学援鄂医疗队全体"90后"党员的回信中勉励到：希望你们努力在为人民服务中茁壮成长、在艰苦奋斗中砥砺意志品质、在实践中增长工作本领，继续在救死扶伤的岗位上拼搏奋战，带动广大青年不惧风雨、勇挑重担，让青春在党和人民最需要的地方绽放绚丽之花。

基层有体悟初心的教材，有锤炼青春的沃土。

1969年，15岁的习近平下乡来到梁家河成为一名知青，度过了7年的青春岁月。梁家河让习近平一直牵挂着，他说："我人生第一步所学到的都是在梁家河。不要小看梁家河，这是有大学问的地方。""15岁来到黄土地时，我迷惘、彷徨；22岁离开黄土地时，我已经有着坚定的人生目标，充满自信。"

曾经城市之间、城乡之间落差明显，很多大学毕业生即便漂泊在大城市、寄居在屋檐下，也不愿回到小城市和小乡村。确实，以前基层生活条件较差、事业发展平台较低，大学生到基层困难重重、较难施展拳脚、不易发挥作用。

但当前，国家高度重视基层工作，到基层就业既有广阔天地，也有优厚待遇。其一，在升学方面有照顾，比如基层满3年报考硕士研究生初试有加分；其二，对职业发展有安排，比如职称晋升条件放宽、干部选拔政策倾斜；其三，在待遇方面有保障，比如学费代偿、基层就业奖励等。

基层有基层的缺憾，基层也有基层的舞台。医学生把个人理想和国家命运融为一体，真正到老百姓最需要的基层去，以仁心仁术造福群众，"小地方"也能成就"大事业"，"小医生"也能练成"大医者"，青春必将绽放出绚丽花朵。

03 留在新疆好吗？

也许新疆不那么完美，也许新疆还有很多不足，可依然值得留下。

新疆高校大学生在新疆学习生活少则4年，多则20多年，但你是否了解现在的新疆，是否展望过未来的新疆？

新疆的自然美无与伦比，新疆的人文美底蕴深厚，新疆的安全可到夜不闭户，新疆的人们安居乐业，新疆是个好地方。这就是现在的新疆，你想要的她都有，你所期待的她都能助你实现。

选工作地域，也是在选未来前景，既看一朝一夕，也看长远潜力。

地域的未来在哪里，我觉得目前一要看土地，没有土地资源就没有发展张力；二要看人口，没有人口规模就没有发展动力；三要看机遇，没有良好机遇就没有发展推力。

在土地方面，新疆地处亚欧大陆腹地，是离海最遥远的地方，新疆与八国接壤，占地面积是全中国的六分之一，新疆有丰富的矿产资源，有多种居全国第一，所以说不到新疆就不知中国之大，不到新疆就不知中国之美。

在人口方面，2019年新疆人口接近2500万，兵团人口接近310万，56个民族全部都有，新疆总人口列全国24位。

在机遇方面，新疆是丝绸之路经济带核心区，在西部大开发的战略布局中始终居于重要地位，新疆工作座谈会、兵团向南发展工作、喀什和霍尔果斯两个经济特区建设等，无不为新疆发展提供强大推力。

新疆占据"天时、地利、人和"的众多优势，成为"一带一路"经济带中的桥头堡，发展前景不可限量。

青春无价，报国有路。

健康中国、健康新疆、健康兵团、向南发展……边疆医疗卫生事业急需医学人才，边疆各族基层群众期盼医护人员，新疆未来前景可期，医学生值得留疆留兵团。

04 启程是最好的选择

江河能够入海，是因为它能躲避迎头的遮拦；小树能够参天，是因为它能在石缝之间攀缘。

启程就不会到终点。无论曲径还是直路，无论大道还是小路，关键是要会审时度势、自我认知，先走起来再说。

05 期盼与祝福

就业之路的话题，谈了形势、方向、道路3个篇章，洋洋洒洒万余字，但归结起来就是期待与祝福：一是变和不变都是人生常态，重要的是我们有什么样的心态；二是愿每个毕业生都能走一条属于自己的青春奋斗之路；三是留疆不将就，向南不遗憾。

毕业季——相约下一个凤凰花开的路口

——致 2020 届医学院毕业生

医学院 2020 届毕业生，

见字如面，你好吗？

可能有同学说，老师，不太好。

没能再走一次杏林苑，

再听老师讲一次课，

再跟舍友在南区操场跑一次五公里，

再吃一次食堂的拌面，

再摘一颗南区小树林的小苹果；

没能感受百人合影的热闹，

学士帽飞向天空的瞬间，

与恩师和同学面对面道别；

没有见着最爱的小伙伴，

没有拥抱舍友，

没有班级小合影，

没有年级大合照，

没有见着暗恋的那个她，

本来毕业前要表白的，

也泡汤了……

因为疫情，这些似乎成为青春时光里，

擦肩而过的遗憾，无法洒脱的叹息。

小遗憾，

遗憾。

亲爱的，

面对告别，我们总会有遗憾，

面对离别，我们总会不舍，

面对转折，我们总会担心。

面对变化，我们总会彷徨，

面对选择，我们总会得失。

面对成长，我们总会焦虑，

面对青春，我们总会感慨。

亲爱的，保留这份遗憾的美好，与平安健康相比，

这些遗憾都有机会弥补。

在以后的日子里，

和你的小伙伴多联系、多问候，

有机会回到学校的时候，

再多看看这个美丽的校园，

无论你在或不在，

学校就在这里，

都可以常回家看看，

伙伴就在那里，

都可以随时联系。

在石大校园里，

背过最重的书，上过最多的课，

熬过最深的夜，考过最多的试，

发际线也可能最高的你，

终于可以长呼一口气，我毕业了。

网络"云毕业"，别样欢聚，依然无憾于青春途中这段绚烂的风景和

记忆！

5年或4年的时光是如此真实、如此鲜活，这都是你曾努力和认真的校园见证。

忆青春，忆四年，忆五年，

敬同学，敬师长，敬前程。

02

小离别

再见。

宝贝儿，这可能是最近最让你伤感的词。

这次再见，不像之前，

小长假后回到宿舍看到的笑脸，

回到教室熙攘的背影。

这次再见，可能是遥遥无期。

不是等到告别才去珍惜，

不是等到再见才去重视，

不是等到失去才会来热爱。

舍友之间不开心了，明天再去道歉吧？

六级还没过，明天再去背单词吧？

这个知识点没明白，明天再说吧？

这件事没办好，明天再处理吧？

现在在家，等到明天回学校再去学习吧？

明天就是离别，

明天就是毕业，

明天就是我们一个个忽略的今天。

好好过好每一个今天吧，人间烟火气，不就是把每一个今天的日子过得热气腾腾吗？

珍惜今天，努力去爱，努力去做，努力去生活吧。

惜今天，惜时光，惜旧友，

爱自己，爱生活，爱当下。

03

小欣喜

蜕变。

医学生，你好。

小时候就盼着长大，开学就盼着放假，

上课就盼着下课，终于盼到了。

一脸懵懂到现在一身白大褂，其中滋味，只有自己体会。

"当我步入神圣医学学府的时刻，谨庄严宣誓"，

那个在开学典礼上宣誓的声音犹在耳畔，

那个稚嫩的脸庞犹然在眼前，

实习时的你已然悄悄学会了问诊、写病历、对病人嘘寒问暖，

现在的你已经可以底气十足地告诉家人去医院先找我，可以帮你带路。

医务工作者，你好！

经过理论、实验、见习，实习5年或4年的历练，或许你要踏上工作岗位，或许你要继续深造。

恭喜你，作为成年人，开始步入社会吧！

独立的欣喜，自由选择的快乐，伴随的都是责任、使命与担当。

大学生活已成为身后的足迹。路前进，走到了一个全新的起点，开启新的生活，要经历别样的风景与精彩。

新起点，新机遇，新征程。

有责任，有担当，有情怀。

小收获

启程。

医学生到医务工作者，5年或4年，

日常的功课学习，周末的社会实践、课余活动、兵团、石城、母校、老师、同学、恋人，

都成为记忆里最美的风景，

成长路上的收获。

友情、爱情都会成为你今后生活中最青春的模样。

疫情撞了毕业季的腰，

可能就是要告诉你白衣在身、重任在肩的使命与责任。

愿你渺小启程，未来盛大！

白衬衫，白大褂，白头发，

战疫情，战病魔，战到底。

曾经以为大学几年，会是很漫长的时光，

后来发现也不过是 1000 多个日日夜夜。

迎着太阳，

走过石大的校园，

回忆里都是流动的画面，

这里的天空静谧深邃，

这里的土壤广阔柔软，

这里的人们，

此生不可忘。

我们来自五湖四海，

即将奔赴天南地北。

蓦然回首，

白大褂在石大飘扬的模样，

早已镌刻心间。

感恩与祝福，

青春岁月，

你我共同成长。

时光的河入海流，终于我们分头走，

亲爱的石医学子们，此行来去匆忙。

我们知道，除了最闪亮的青春，需要告别的还有很多很多。

此去经年，来日方长，为你祝福，

即使走出半生，归来学校仍待你如少年！

届时，毕业季的所有美好与感动一样不会缺席！

凤凰花开的路口，有我最珍惜的朋友，

未来可期，随时相约。

轻轻地你走了，正如你轻轻地来。

挥一挥衣袖，收拾好行囊，

把干净和澄澈，留给石医的云彩。

石医学子们，衷心地祝福你们前程似锦、一生幸福！

未来，无论你身在何处，石医是你永远的家。

写在后面

　　2020年开始着手准备此书，至今为止，虽然多次修改，但难免有疏忽不当之处，更有很多青春的生涩与稚嫩，希望各位读者给予指正。可能对于我们来说，这不仅仅是一本书，更是一群人在一起的青春见证。忙忙碌碌的日子里，经常会产生困惑，我今天一天忙了什么？日复一日的工作中，难免也会疑虑：工作的意义是什么？随着各自的发展，这群小伙伴陆续离开医学院学生的工作队伍，但相聚在一起工作的感情以及在青春里流下的汗水和欢笑始终在心里。

　　人能有多少个20岁、30岁呢？从20多岁的懵懂走向30岁的成熟，到40岁的不惑。一起哭一起笑的日子，随着年龄成长可能会逐渐淡忘，随着分离联系也会逐渐变少，但曾经的奋斗、纯粹、梦想，为工作的努力，为自己的喝彩，为伙伴的加油，我们想尽可能用或稚嫩或感性或思考的文字来记录。

　　这本书，是一份回忆，也是一份记忆。看着它，就好像看到一个刚入职的新人，逐渐成长，这个期间的蜕变、纠结、困惑和收获喜悦。因为时间跨度，同时也因为文字表达，本书可能会有诸多词不达意的地方，还望多多包容。但我们会持续成长和努力，也会继续完善。当有一天，我们都老了的时候，或者在未来工作迷茫的时候，手拿这本书，轻轻对队友说：嗨，还记得吗？

　　辅导员队伍的团队化发展，职业化专业化建设，专家化发展，归根到底离不开一群人朝着一个目标齐心协力地奋斗。"壹小家辅导员工作室"成立至今，不断地发展，每一步都见证了一群边疆高校辅导员虽慢但持续、虽微但坚持的执着与努力。

　　真实，记录，见证，一切都来得及。2024年开年电影《热辣滚烫》中主角的蜕变，"我要赢一次"的执着，也都在鼓励着我们，行胜于言。我们也一直执拗于是否太过简单、太过仓促，不够严谨，纠结多次想放弃。虽然不够完善，但这是一群人从事辅导员工作的初心，有着真诚、有着热忱、有着对未来的无限期盼。重塑自己，为自己拼一把，为工作室暂时打个小结，继续反思和努力。辅导员这份工作的意义，有时候可能就在于影响、在于陪伴、在于引导、在于真诚、在于见证。希望这本书能成为工作室成员在学生工作路上继续成长的一份慰藉。

爱自己，接纳自己，更好地成为自己；所谓未来，就是现在，向外看，向内求，向前走。没有等出来的完美，只有不断努力的当下，犹豫再三，我们终将出版此书，有青涩、有不足、有缺点，有很多不尽如人意。但它是把我们对学生工作的思考剖出来看，除了真实，还是今后努力的起点。

感谢大家能看到最后，再次感谢。

本书系兵团高校辅导员工作室建设项目（壹小家辅导员工作室）的阶段性研究成果；石河子大学校级项目兵团高校辅导员队伍专业化建设现状研究（项目编号：ZZZC202149）的阶段性研究成果。